铁路信号系统仿真实验

邹喜华 杨武东 谢 刚 刘 晔 编著

电子工业出版社
Publishing House of Electronics Industry
北京·BEIJING

内 容 简 介

本书根据铁路（普铁和高铁）信号系统的特点和实践需求，聚焦铁路信号系统仿真实验，主要包括半自动闭塞和自动闭塞仿真实验、计算机联锁仿真实验、高铁列车调度系统仿真实验、CTCS-3 级列控系统仿真实验、高铁列车自动运行虚拟仿真实验、虚拟现实/混合现实虚拟仿真实验等内容。

本书是国家级实验教学示范中心、国家一流专业、国家一流课程的重点规划教材，可作为高等院校与职业教育铁路信号相关专业的实验课程指导书，也可作为铁路信号技术人员和爱好者的入门参考书。

未经许可，不得以任何方式复制或抄袭本书之部分或全部内容。
版权所有，侵权必究。

图书在版编目（CIP）数据

铁路信号系统仿真实验 / 邹喜华等编著. -- 北京：电子工业出版社，2024. 6. -- ISBN 978-7-121-48205-2

Ⅰ．U284.7

中国国家版本馆 CIP 数据核字第 2024SM2575 号

责任编辑：曲　昕　　文字编辑：夏平飞
印　　刷：北京虎彩文化传播有限公司
装　　订：北京虎彩文化传播有限公司
出版发行：电子工业出版社
　　　　　北京市海淀区万寿路 173 信箱　邮编 100036
开　　本：787×1 092　1/16　印张：10.5　字数：201.6 千字
版　　次：2024 年 6 月第 1 版
印　　次：2024 年 6 月第 1 次印刷
定　　价：49.00 元

凡所购买电子工业出版社图书有缺损问题，请向购买书店调换。若书店售缺，请与本社发行部联系，联系及邮购电话：（010）88254888，88258888。

质量投诉请发邮件至 zlts@phei.com.cn，盗版侵权举报请发邮件至 dbqq@phei.com.cn。

本书咨询联系方式：（010）88254468，quxin@phei.com.cn。

前　言

本书为面向轨道交通信号与控制、自动化、通信工程等相关专业的铁路信号方向的实验指导书，主要聚焦铁路（普铁和高铁）信号系统仿真实验方案与内容，服务"列控与调度系统实验"、"车站与区间控制实验"等课程。铁路信号是保证行车安全，提高区间和车站通过能力以及编组站解编能力的自动控制及远程控制技术的总称；对应的铁路信号系统主要包括车站联锁、区间闭塞、列车运行控制、铁路调度指挥、编组站调车控制等。铁路信号专业方向的工程性和实践性强，需要学生在校期间进行针对性的实验实践和技能培训。但由于铁路现场真实设备存在结构复杂、价格高昂、难以大规模配备等问题，严重影响了实验教学组织与效果。

为此，基于仿真实验"能实不虚、虚实结合"的建设原则，以一定比例真实设备作为硬件基础，以仿真技术作为途径和手段，建设铁路信号系统仿真实验课程，可以有效突破传统铁路信号实验教学在复杂场景、大型工况、运营安全、设备昂贵等方面的限制，在多专业、多学校、跨地区间实现优质实验教学资源共享，形成辐射和示范作用。

本书根据铁路信号系统的特点和主要教学内容，开发并形成了仿真实验体系，共计7章内容。第1章介绍铁路信号系统及其仿真实验概述；第2章介绍由半自动闭塞系统和自动闭塞系统构成的区间信号控制仿真实验；第3章介绍基于计算机联锁的车站信号控制仿真实验；第 4 章介绍分散自律调度集中系统（CTC），以及基于其开发的高铁列车调度系统仿真实验；第5章介绍CTCS-3级列控系统仿真实验；第6章介绍高铁列车自动运行虚拟仿真实验；第7章介绍虚拟现实/混合现实虚拟仿真实验。

本书配有免费的教学资源（包括 PPT、实验视频等），读者可到华信教育资源网（http://www.hxedu.com.cn）下载。

本书是"轨道交通信息工程与技术"国家级实验教学示范中心和"智慧轨道交通信息与控制"四川省虚拟仿真实验教学中心、"轨道交通信号与控制"和"通信工程"国家一流专业、"高铁列车自动运行虚拟仿真实验"国家一流课程的重点规划教材。

本书的部分实验内容和实验系统由西南交通大学信息科学与技术学院交通信息工程及控制团队集体创作，感谢郭进教授、杨扬副教授、刘利芳老师、王建同学等对本书内容的贡献。此外，卡斯柯信号有限公司向西南交通大学捐赠了调度集中系统并应用于教学科研，部分资料也被编入书中，在此表示衷心感谢。

  本书涵盖了铁路信号系统实验的主体内容，以仿真形式开展实验教学，赋能学生高代入感，夯实和提升铁路信号工程实践能力，深入掌握和巩固相关理论知识。本书可作为高等院校与职业教育铁路信号相关专业的实验课程指导书，也可作为铁路信号技术人员和爱好者的入门参考书。

编著者

目　　录

第 1 章　铁路信号系统仿真实验概述 ·· 1
  1.1　铁路信号系统 ·· 2
     1.1.1　车站信号控制系统 ··· 2
     1.1.2　区间信号控制系统 ··· 3
     1.1.3　列车运行控制系统 ··· 3
     1.1.4　行车调度指挥系统 ··· 4
  1.2　铁路信号系统仿真实验 ··· 5

第 2 章　区间信号控制仿真实验 ·· 6
  2.1　实验原理 ·· 7
     2.1.1　64D 型继电半自动闭塞系统 ··· 7
     2.1.2　ZPW-2000 型无绝缘移频自动闭塞系统 ······································ 12
  2.2　实验系统介绍 ··· 21
     2.2.1　半自动闭塞仿真实验系统 ·· 21
     2.2.2　自动闭塞仿真实验系统 ··· 23
  2.3　实验 2-1：半自动闭塞仿真实验 ·· 23
     2.3.1　实验目的 ·· 23
     2.3.2　实验设备 ·· 24
     2.3.3　实验内容 ·· 24
  2.4　实验 2-2：自动闭塞仿真实验 ··· 29
     2.4.1　实验目的 ·· 29
     2.4.2　实验设备 ·· 29
     2.4.3　实验内容 ·· 30

第 3 章　计算机联锁仿真实验 ·· 34
  3.1　实验原理 ·· 35
     3.1.1　计算机联锁系统结构 ··· 35
     3.1.2　计算机联锁系统的工作原理 ··· 37
  3.2　实验系统介绍 ··· 38
  3.3　实验 3-1：进路建立仿真实验 ··· 40

    3.3.1 实验目的 ·· 40
    3.3.2 实验设备 ·· 40
    3.3.3 实验内容 ·· 41
  3.4 实验 3-2：进路解锁仿真实验 ·· 46
    3.4.1 实验目的 ·· 46
    3.4.2 实验设备 ·· 47
    3.4.3 实验内容 ·· 47
  3.5 实验 3-3：进路行车仿真实验 ·· 50
    3.5.1 实验目的 ·· 50
    3.5.2 实验设备 ·· 51
    3.5.3 实验内容 ·· 51

第 4 章 高铁列车调度系统仿真实验 ·· 57
  4.1 实验原理 ·· 58
    4.1.1 分散自律调度集中概述 ·· 58
    4.1.2 分散自律调度集中系统的结构 ··· 58
    4.1.3 分散自律调度集中系统的基本原理 ·· 64
  4.2 实验系统介绍 ·· 68
  4.3 实验 4-1：CTC 控制模式及进路方式实验 ··· 76
    4.3.1 实验目的 ·· 76
    4.3.2 实验设备 ·· 76
    4.3.3 实验内容 ·· 76
  4.4 实验 4-2：CTC 车站操作控制实验 ·· 79
    4.4.1 实验目的 ·· 79
    4.4.2 实验设备 ·· 80
    4.4.3 实验内容 ·· 80

第 5 章 CTCS-3 级列控系统仿真实验 ·· 83
  5.1 实验原理 ·· 84
    5.1.1 CTCS-3 级列控系统总体结构 ··· 84
    5.1.2 CTCS-3 级列控系统地面设备 ··· 85
    5.1.3 CTCS-3 级列控系统车载设备 ··· 88
  5.2 实验系统介绍 ·· 93
  5.3 实验 5-1：列车启动运行 ··· 97

5.3.1　实验目的 …………………………………………………………… 97
　　　5.3.2　实验设备 …………………………………………………………… 97
　　　5.3.3　实验内容 …………………………………………………………… 97
　5.4　实验5-2：列车区间运行及进出站 ……………………………………… 103
　　　5.4.1　实验目的 …………………………………………………………… 103
　　　5.4.2　实验设备 …………………………………………………………… 104
　　　5.4.3　实验内容 …………………………………………………………… 104
　5.5　实验5-3：CTCS-3级故障场景实验 …………………………………… 109
　　　5.5.1　实验目的 …………………………………………………………… 109
　　　5.5.2　实验设备 …………………………………………………………… 109
　　　5.5.3　实验内容 …………………………………………………………… 109

第6章　高铁列车自动运行虚拟仿真实验 ………………………………………… 112
　6.1　实验原理 …………………………………………………………………… 113
　　　6.1.1　单质点列车模型 …………………………………………………… 113
　　　6.1.2　牵引力 ……………………………………………………………… 113
　　　6.1.3　运行阻力 …………………………………………………………… 115
　　　6.1.4　制动力 ……………………………………………………………… 118
　　　6.1.5　列车工况分析 ……………………………………………………… 118
　　　6.1.6　列车运动过程 ……………………………………………………… 120
　　　6.1.7　运行能耗计算 ……………………………………………………… 124
　　　6.1.8　牵引策略分析 ……………………………………………………… 124
　6.2　实验系统介绍 ……………………………………………………………… 126
　6.3　实验6-1：高铁列车自动运行虚拟仿真实验 …………………………… 128
　　　6.3.1　实验目的 …………………………………………………………… 128
　　　6.3.2　实验设备 …………………………………………………………… 128
　　　6.3.3　实验内容 …………………………………………………………… 128

第7章　虚拟现实/混合现实虚拟仿真实验 ………………………………………… 144
　7.1　实验技术与系统 …………………………………………………………… 145
　7.2　实验7-1：VR转辙机拆装虚拟仿真实验 ……………………………… 147
　　　7.2.1　实验目的 …………………………………………………………… 147
　　　7.2.2　实验设备 …………………………………………………………… 147
　　　7.2.3　实验内容 …………………………………………………………… 147

7.3 实验 7-2：VR/MR 高铁列车模拟驾驶虚拟仿真实验 …………………… 152
    7.3.1 实验目的 ……………………………………………………………… 152
    7.3.2 实验设备 ……………………………………………………………… 152
    7.3.3 实验内容 ……………………………………………………………… 152

参考文献 ………………………………………………………………………… 157

第 1 章

铁路信号系统仿真实验概述

铁路作为一种公共交通工具，在综合交通运输体系中发挥着骨干作用。与公路和航空运输相比，铁路运输在节能环保、全天候运行和安全效率等方面都具有明显优势。铁路信号是保证行车安全，提高区间和车站通过能力以及编组站解编能力的自动控制及远程控制技术的总称。铁路信号系统是一个集现代信息技术为一体的复杂巨型系统。作为铁路运行的中枢神经，铁路信号系统主要负责各种命令和信息的上传下达，对列车进行安全行车控制，对于保障行车安全、合理安排行车速度和密度、提高运输效率和改善行车工作人员的劳动条件等具有至关重要的作用，安全与效率是其永恒的主题。

铁路信号系统的教学需要与实验设备密切结合，但现场设备大多结构复杂，价格高昂，难以大规模配备，且往往只能进行演示性实验，严重影响了实验教学的组织与效果。为此，基于仿真实验"能实不虚、虚实结合"的建设原则，以一定比例真实设备作为硬件基础，以虚拟仿真作为途径和手段，建设铁路信号系统仿真实验成为了一条可行之路。

本章首先介绍铁路信号系统的组成，然后引出铁路信号系统的实验思路，以及基于仿真技术解决铁路信号系统传统实验教学问题的途径。

1.1 铁路信号系统

铁路信号系统按功能和应用场所不同，分为车站信号控制系统、区间信号控制系统、列车运行控制（简称列控）系统、行车调度指挥系统等。

1.1.1 车站信号控制系统

车站既是铁路办理客、货运输的基地，又是铁路系统的一个基层运营单位。为了保证行车安全，车站内信号、道岔、轨道电路等基本信号设备必须遵循一定的规则，按照一定的程序来严格执行。这些规则和程序被称为联锁，而实现联锁的技术称为联锁技术。车站信号控制系统的主要功能是实现联锁功能，保证行车安全，具体而言，指通过技术手段来使车站内信号机、道岔、轨道电路等基本信号设备按照规定的要求工作，以保证列车在站内运输作业的安全，所以车站信号控制系统有时也称为车站联锁系统。

1.1.2 区间信号控制系统

区间信号控制系统是控制列车在铁路区间运行的信号设备及其防护运行安全的设施。铁路区间是以分界点对铁路线路所作的划分，如车站与车站之间为站间区间，两个线路所之间或线路所与车站之间为所间区间，自动闭塞区段的两个通过信号机之间为闭塞分区等。铁路区间信号设备主要包括：铁路区间闭塞控制系统（半自动闭塞系统、自动闭塞系统等）；机车信号及列车自动停车装置；道口信号系统及列车超速防护系统等。

1.1.3 列车运行控制系统

列车运行控制系统是集计算机、通信和自动控制等技术于一体的行车指挥、列车运行控制自动化系统，是铁路的关键技术和核心装备。

2002 年，铁道部针对中国铁路运输的发展需求提出了中国列车运行控制系统（CTCS）标准。作为中国铁路信号发展史上一个里程碑，CTCS 标准既规范了中国铁路运行控制系统，又为其未来发展指明了方向。该标准分为五级，CTCS-0 级和 CTCS-1 级用于普速铁路，CTCS-2 级和 CTCS-3 级用于高速铁路，具体描述如表 1-1 所示。

表 1-1 CTCS 等级名称及功能描述

等级名称	功能描述
CTCS-0 级	由通用机车信号和运行监控记录装置构成。采用目标距离控制模式，在现有地面信号设备的基础上，将线路数据全部储存在车载设备中，靠逻辑推断地址调取所需的线路数据，结合列车性能计算并给出目标距离式制动曲线
CTCS-1 级	由主体机车信号和加强型运行监控装置组成，面向 160km/h 及以下的区段。在现有设备基础上强化改造，达到机车信号主体化要求，增加点式信息设备，实现列车运行安全监控功能
CTCS-2 级	基于轨道电路和点式信息设备传输信息的列车运行控制系统，面向提速干线和高速新线，适用于各种限速区段，地面可不设通过信号机。轨道电路完成列车占用检测及完整性检查；点式信息设备传输定位信息、进路参数、线路参数、限速信息和停车信息
CTCS-3 级	基于无线通信（如 GSM-R）的列车运行控制系统。轨道电路完成列车占用检测及完整性检查，点式信息设备提供列车用于测距修正的定位基准信息。无线通信系统实现地-车间连续、双向的信息传输，行车许可由地面无线闭塞中心产生，通过无线通信系统传送到列车

续表

等 级 名 称	功 能 描 述
CTCS-4 级	完全基于无线通信（如 GSM-R）的列车运行控制系统。由地面无线闭塞中心和车载设备完成列车占用检测及完整性检查，点式信息设备提供列车用于测距修正的定位基准信息

1.1.4 行车调度指挥系统

铁路运输调度是客货运输组织和高效安全运营的核心，其主要任务是制定、执行和调整运输工作计划，进而保障列车行车安全正点和提高列车服务质量。

到目前为止，我国铁路采用的调度指挥系统有铁路运输调度指挥管理信息系统（DMIS）、列车调度指挥系统（TDCS）与调度集中（CTC）系统等三种。

1. DMIS

DMIS 是我国最早大规模使用的铁路调度指挥系统，具有里程碑式意义。DMIS 的目标是将之前以车站为单位的分散式信息管理系统改造成为全路统一的信息管理系统，从而形成覆盖整个铁路运输系统的大规模计算机网络系统。该系统极大地提高了铁路运输生产效率，并为 TDCS 和 CTC 系统的建设打下了基础。

2. TDCS

TDCS 作为早期的铁路调度指挥系统，目前仍发挥着重要作用。该系统在数字化、网络化和信息化等多技术融合的基础上，实现了铁路调度指挥的跨越式发展，不仅减轻了列车调度人员的工作压力，还提高了铁路运输系统的生产效率。TDCS 的主要技术特点如下。

（1）实时性。铁路运输系统在运行中产生大量信息数据，而这些数据在被基层网络收集之后必须及时、准确地上报给相关部门，以便根据运行实际情况对运输系统进行控制。因此，在信息传输的高峰时段系统延时不超过 4s，并且传输的信息必须有序处理。

（2）安全性。为了确保整个系统的安全性，TDCS 被建成封闭系统。其设计重点是从信息的采集、传输、处理，到方案的制定、计划调整和命令传输等整个过程都必须不间断地执行，进而保证系统建成后能稳定运行。

（3）开放性。TDCS 作为一个规模庞大的系统，需要集成大量设备和软件支撑平台。因此，该系统必须是符合国际标准的开放式系统平台，以便今后对系统不断进行扩展和改进。

3．新一代分散自律式 CTC 系统

由于传统 CTC 系统存在较多不足之处，新一代分散自律式 CTC 系统应运而生。与传统 CTC 相比，它在充分考虑我国铁路客货混跑多、调车作业多等基础上将调车管理这一功能纳入 CTC 系统中，从而在不改变控制模式的情况下完成行车与调车的协调。新一代 CTC 系统的主要技术特点如下。

（1）智能化。高智能化水平保障调车作业人员将主要精力用于列车行车计划的管理与调整，进而确保整个铁路运输系统安全和高效运转。

（2）分散自律。由控制中心集中管理辖区内车站列车作业升级为由各车站自行管理各项列车与调车作业。CTC 系统根据每个车站的具体情况，按照相关标准和规范自主进行进路与列车的各项调车作业的控制。

1.2　铁路信号系统仿真实验

铁路信号系统作为铁路运行的中枢神经，涉及众多的铁路信号专业知识和计算机、通信、电子等其他知识，系统复杂、综合性强。但是，传统纯实物铁路信号实验系统结构复杂、价格高昂，导致大多数院校难以支撑纯实物实验教学。铁路信号系统实验对理论教学和技能培训尤为重要，若教学中缺乏实验环节的支撑，则学生难以获得直观感受进而影响对铁路信号系统工作原理的深入理解。

因此，作者在长期实践教学的基础上，基于新一代信息技术以仿真方式开发了铁路（普铁和高铁）信号仿真实验教学系统。它主要以虚实结合方法模拟闭塞、联锁、调度、列控等系统基本功能，建设实验环节，例如闭塞-半自动闭塞和自动闭塞、联锁-进路控制、调度-界面显示、调度命令操作、分散自律控制模式、列控-车载控制模式、列车自动防护、列车自动运行等功能。目前，铁路信号系统仿真实验以线上线下相结合的教学模式为主（"高铁列车自动运行虚拟仿真实验"作为国家级一流虚拟仿真课程已经在国家虚拟仿真实验教学项目共享平台上线），其他实验采用线下模式或单机模式（网页、VR/MR 等形式）。

第 2 章

区间信号控制仿真实验

第 2 章　区间信号控制仿真实验

区间信号控制实验主要针对列车在区间追踪运行的闭塞技术开展实验教学，培养学生对区间信号控制系统灵活应用的实践能力。本章包含 2 个实验，主要涉及半自动闭塞系统与自动闭塞系统的结构、原理、操作表示、功能应用等。

2.1　实验原理

区间信号控制系统保证列车在区间运行时的安全，主要有半自动闭塞和自动闭塞技术两类，其闭塞原理是利用信号或凭证，实现前行列车和追踪列车之间必须保持一定的安全空间间隔。

2.1.1　64D 型继电半自动闭塞系统

半自动闭塞的工作原理是：闭塞手续由人工操作办理，列车凭借信号的显示发车，列车出站后信号机自动关闭。目前，它主要用于支线铁路等车流量较小的铁路运输线路。在半自动闭塞中，继电半自动闭塞通过继电器电路来实现分界点联系，以继电电路的逻辑关系来完成两站间闭塞手续。64D 型继电半自动闭塞系统示意图如图 2-1 所示。

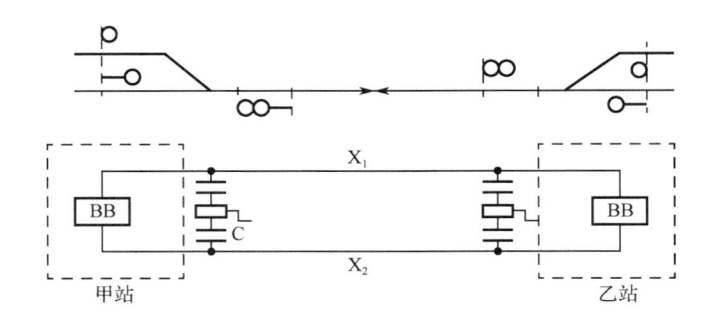

图 2-1　64D 型继电半自动闭塞系统示意图

1．64D 型继电半自动闭塞系统的特点

铁路行车在不同环境对应的技术要求存在差异，64D 型继电半自动闭塞系统是结合我国铁路运输的实际情况研制而成的，具有如下特点。

（1）接发车车站的值班员按照"请求-同意"的方式办理闭塞，大幅度增加了闭塞设备的可靠性与安全性。

（2）采用 3 种不同极性脉冲，以此发出允许发车信号，并且在请求发车信号的同时检查接车车站的闭塞机和外线的情况，从而提高闭塞设备的安全性。

（3）在办理行车闭塞之后、开放进站或出站信号机之前，允许进行车站站内的调车、变更进路与取消闭塞，提高了车站作业效率，适应我国铁路的需求。

（4）闭塞电路的设计严密，办理手续简单，表示方式清楚。闭塞的外线可与现有的闭塞电话线共用，所需的继电器与元件类型大为减少；功率消耗降低，可以用于无交流电源区段。

2．64D 型继电半自动闭塞系统的技术要求

64D 型继电半自动闭塞系统的核心功能是保证行车安全和提高行车效率，因此针对这两方面提出了对应的技术要求。

（1）行车安全方面的技术要求

① 发车站闭塞机只有在区间空闲，发车站发出请求发车信号且收到同意接车信号时才能开通，同时出站信号机开放；接车站闭塞机发出同意接车信号后必须处于闭塞状态。

② 接、发车站的闭塞机在列车进入发车轨道区段时必须处于闭塞状态。

③ 只有在列车出清接车站轨道区段、接车进路解锁并且到达复原办理完成后，接、发车站的闭塞机才能复原。

④ 不能通过故障和错误办理使车站闭塞机复原或发车站闭塞机开通。

⑤ 开放出站信号后轨道电路发生故障的情况下必须保证接、发车站闭塞机处于闭塞状态；列车到达后轨道电路发生故障的情况下能够办理事故复原。

⑥ 半自动闭塞专用轨道电路应不少于 25m。

⑦ 外线上发生任何故障和错误办理时不能开通闭塞机。

⑧ 必须保证共用外线的闭塞电话与闭塞机互不影响。

⑨ 当设备从停电状态复原时，闭塞机必须处于闭塞状态，并且只能通过事故按钮进行复原。

（2）行车效率方面的技术要求

① 如果闭塞机已开通但列车尚未出发，并且此时信号机已关闭，则发车站可以取消闭塞或变更进路。

② 如果闭塞机已开通但接车站仍未开放进站信号或发车站仍未开放出站信号，则可以进行站内调车。

③ 闭塞机动作迅速。

④ 闭塞机不会混淆通话呼叫和请求发车信号。

⑤ 闭塞机应有检查设备故障的功能。

⑥ 在"故障-安全"原则下使电路尽量简单。

3．64D 型继电半自动闭塞系统的组成

64D 型继电半自动闭塞系统的硬件设备包括闭塞机、轨道电路、闭塞电源、闭塞外线等，它们之间的连接示意图如图 2-2。此外，同一区间的相邻两车站的闭塞机通过闭塞外线连接，以此实现闭塞设备的互通。

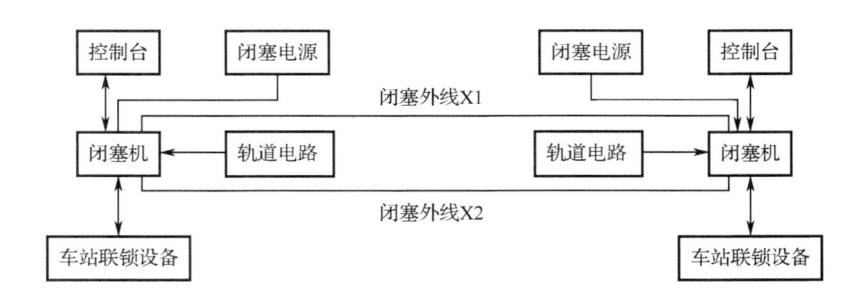

图 2-2　64D 型继电半自动闭塞系统设备间的连接示意图

闭塞机是半自动闭塞系统的核心部分，由继电器、电阻器、电容器等元器件组成。通常，64D 型继电半自动闭塞系统由 13 个继电器组成并通过搭建继电电路来执行闭塞功能。继电器名称与作用如表 2-1 所示。

表 2-1 继电器名称与作用

名　　称	作　　用
正线路继电器（ZXJ）	接收正极性的闭塞信号
负线路继电器（FXJ）	接收负极性的闭塞信号
正电继电器（ZDJ）	发送正极性的闭塞信号
负电继电器（FDJ）	发送负极性的闭塞信号
闭塞继电器（BSJ）	监督和表示闭塞机的状态。当继电器处于定位时，表示区间处于空闲状态；当继电器落下时，发车站表示列车占用区间，接车站则表示发出了同意接车信号，区间处于闭塞状态
选择继电器（XZJ）	选择并区分自动回执信号和复原信号，在办理发车进路时监督出站信号机是否开放
准备开通继电器（ZKJ）	记录对方站发来的自动回执信号
开通继电器（KTJ）	记录接车站发来的同意接车信号，并控制出站信号机的开放
复原继电器（FUJ）	接收复原信号，复原闭塞机
回执到达继电器（HDJ）	和同意接车继电器一起构成自动回执电路，发送回执信号以及记录列车到达
同意接车继电器（TJJ）	记录对方车站发来的请求发车信号，并使闭塞机转入接车状态，与回执到达继电器一起构成自动回执电路
通知出发继电器（TCJ）	记录对方车站发来的列车出发通知信号
轨道继电器（GDJ）	监督列车的出发与到达

4．64D 型继电半自动闭塞办理方法

根据列车的运行状态，单线半自动闭塞的办理手续一般有 3 种：正常办理、取消复原和事故复原。

（1）正常办理

当列车在两站间正常运行并且闭塞机处于正常状态时的办理方法，根据车站人员下达命令与列车状态，可分为以下 5 个步骤。

① 甲站（发车站）请求发车。

② 乙站（接车站）同意发车。

③ 列车从甲站（发车站）出发。

④ 列车到达乙站（接车站）。

⑤ 到达复原。

正常办理步骤与闭塞机状态示意图如图 2-3 所示。

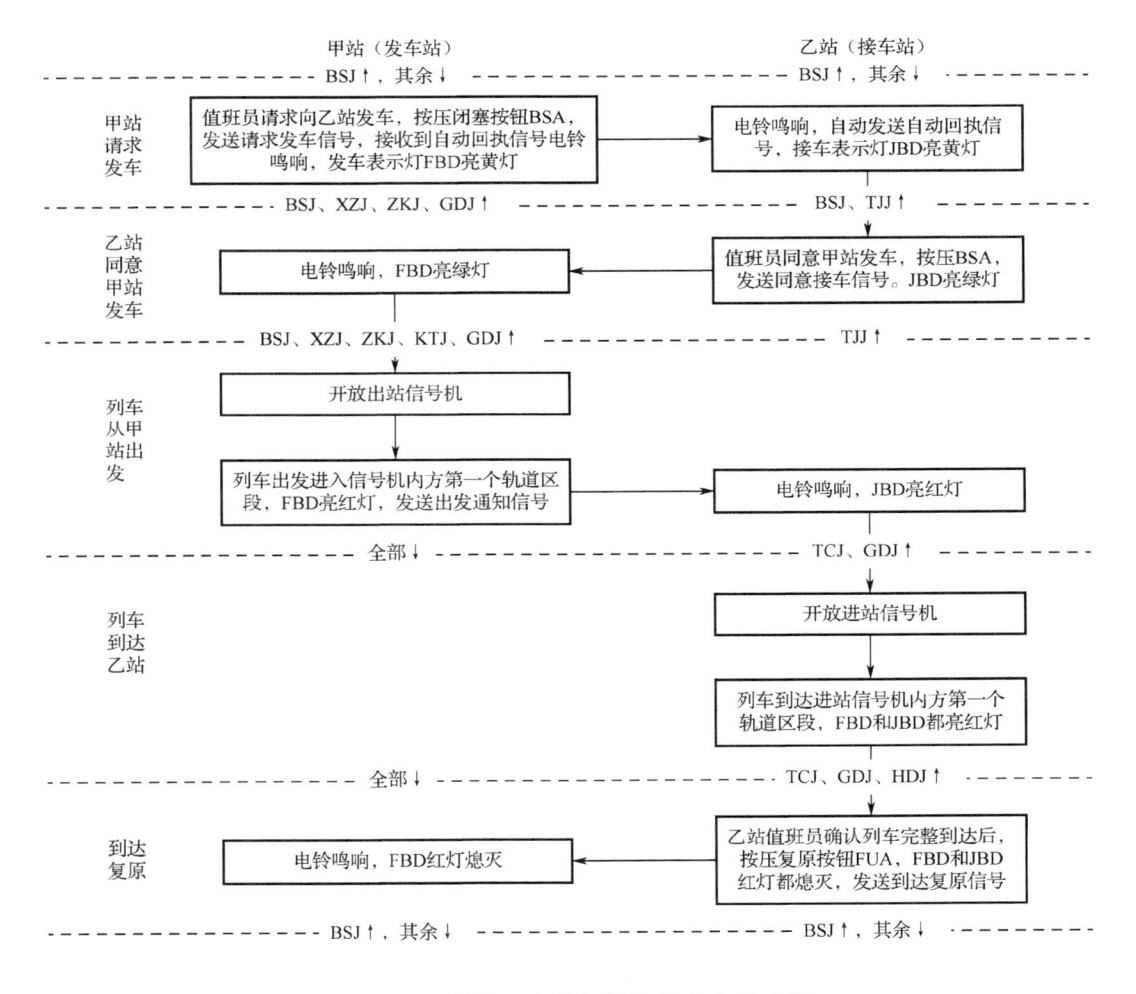

```
                甲站（发车站）                          乙站（接车站）
           ----BSJ↑，其余↓----------------------BSJ↑，其余↓----
   甲站    ┌─────────────────────────┐      ┌─────────────────────────┐
   请求    │值班员请求向乙站发车，按压闭塞按钮BSA，│      │电铃鸣响，自动发送自动回执信│
   发车    │发送请求发车信号，接收到自动回执信号电铃│─────→│号，接车表示灯JBD亮黄灯      │
           │鸣响，发车表示灯FBD亮黄灯            │      │                         │
           └─────────────────────────┘      └─────────────────────────┘
           ----BSJ、XZJ、ZKJ、GDJ↑---------------BSJ、TJJ↑----
   乙站    ┌─────────────────────────┐      ┌─────────────────────────┐
   同意    │电铃鸣响，FBD亮绿灯                 │←─────│值班员同意甲站发车，按压BSA， │
   甲站    │                                 │      │发送同意接车信号。JBD亮绿灯   │
   发车    └─────────────────────────┘      └─────────────────────────┘
           ----BSJ、XZJ、ZKJ、KTJ、GDJ↑------------TJJ↑----
           ┌─────────────────────────┐
           │开放出站信号机                     │
           └─────────────┬───────────┘
   列车                  ↓
   从甲    ┌─────────────────────────┐      ┌─────────────────────────┐
   站出    │列车出发进入信号机内方第一个轨道区   │─────→│电铃鸣响，JBD亮红灯          │
   发      │段，FBD亮红灯，发送出发通知信号      │      │                         │
           └─────────────────────────┘      └─────────────────────────┘
           ----全部↓------------------------TCJ、GDJ↑----
                                                 ┌─────────────────────────┐
                                                 │开放进站信号机                    │
   列车                                          └─────────────┬───────────┘
   到达                                                        ↓
   乙站                                          ┌─────────────────────────┐
                                                 │列车到达进站信号机内方第一个         │
                                                 │轨道区段，FBD和JBD都亮红灯          │
                                                 └─────────────────────────┘
           ----全部↓------------------------TCJ、GDJ、HDJ↑----
   到达    ┌─────────────────────────┐      ┌─────────────────────────┐
   复原    │电铃鸣响，FBD红灯熄灭                │←─────│乙站值班员确认列车完整到达后， │
           │                                 │      │按压复原按钮FUA，FBD和JBD    │
           │                                 │      │红灯都熄灭，发送到达复原信号   │
           └─────────────────────────┘      └─────────────────────────┘
           ----BSJ↑，其余↓----------------------BSJ↑，其余↓----
```

图 2-3　正常办理步骤与闭塞机状态示意图

（2）取消复原

当列车已经办理闭塞手续但由于事故列车无法正常发车时，车站值班人员需要使用取消复原来取消闭塞。以下 3 种情况时可以使用取消复原。

① 发车站请求发车，并且此时发车站的 FBD、接车站的 JBD 均亮黄灯。这

时如果接车站不同意发车站的发车请求或者发车站需要取消发车，在双方值班员联系后，可以通过按压发车站的 FUA 办理取消复原。

② 当发车站的 FBD 与接车站的 JBD 均亮绿灯，发车站已经收到了接车站的同意接车信号，但出站信号机还未开放时，取消闭塞可以通过两站值班员联系后按压发车站的 FUA 办理取消复原。

③ 发车站开放出站信号机，但列车并未出发。此时在双方车站电话联系后，发车站可通过先办理取消进路或者人工解锁，在出站信号机关闭和发车进路解锁后再按压 FUA 办理取消复原。

（3）事故复原

办理区间闭塞的过程中会遇到闭塞机不能正常复原的情况，此时可以通过按压 SGA 按钮来办理事故复原。以下 3 种情况可以办理事故复原。

① 闭塞电源断电后重新恢复供电。

② 列车到达接车站，因轨道电路故障不能够办理到达复原。

③ 发出需由区间返回的列车或列车因故退回发车站。

2.1.2 ZPW-2000 型无绝缘移频自动闭塞系统

我国于 20 世纪 90 年代初引进法国高速铁路的 UM71 移频自动闭塞设备，并在此基础上结合我国铁路实际情况自主研制了新型区间移频自动闭塞设备，即 ZPW-2000 型无绝缘移频自动闭塞系统。

ZPW-2000 型无绝缘移频自动闭塞系统由发送器、接收器、衰耗冗余控制器、防雷模拟网络盘、调谐匹配单元、空心线圈、扼流适配变压器、补偿电容、轨道电路及 SPT 电缆等组成，如图 2-4 所示。

第 2 章 区间信号控制仿真实验

图2-4 ZPW-2000型无绝缘移频自动闭塞系统

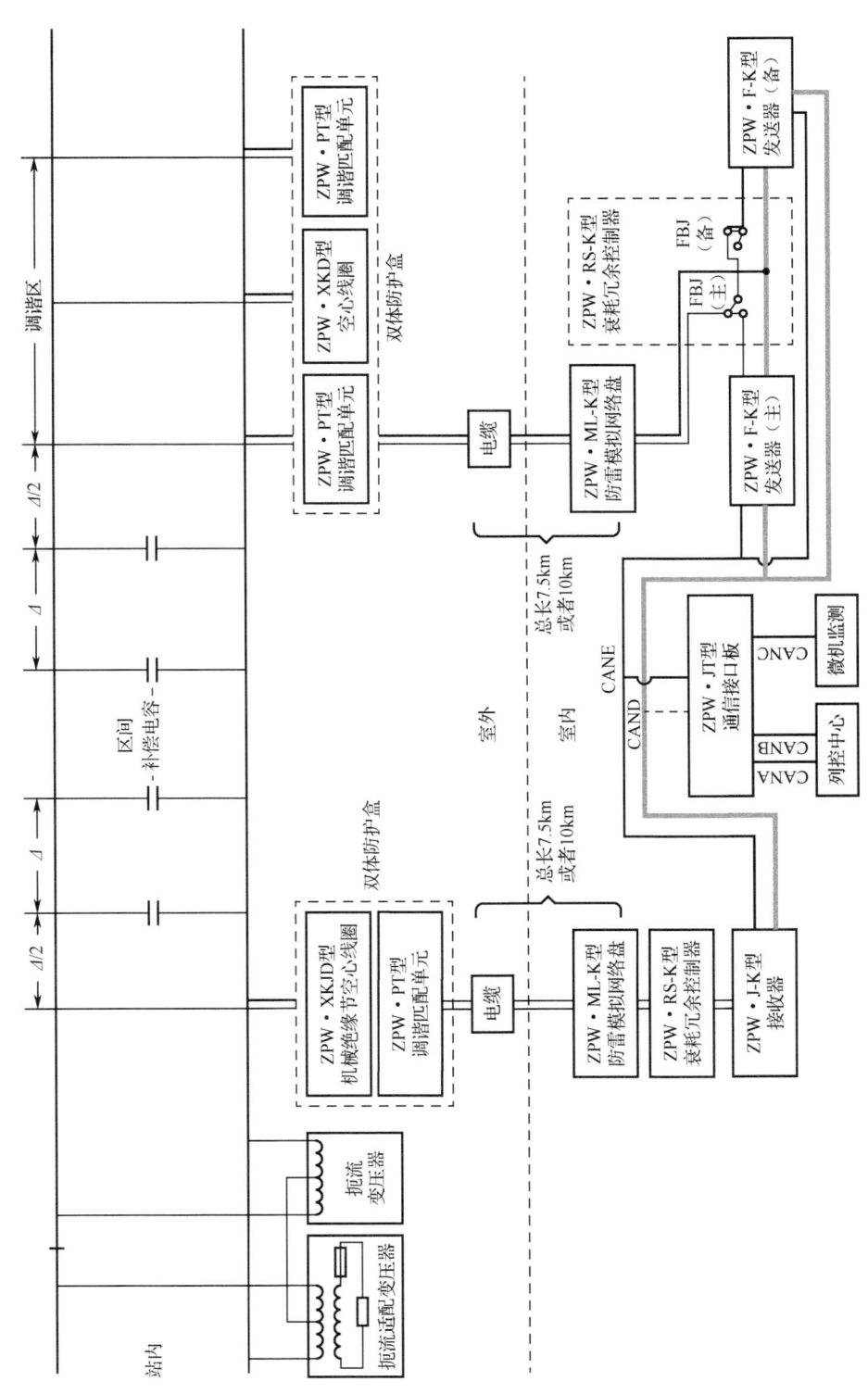

1. ZPW-2000 型无绝缘移频自动闭塞系统室外设备

ZPW-2000 型无绝缘移频自动闭塞系统室外设备包括调谐区（电气绝缘节）、机械绝缘节、匹配变压器、补偿电容、传输电缆、调谐区设备与钢轨间的引接线、防雷系统等。各部分的作用和功能如下。

（1）调谐区（电气绝缘节）

调谐区（电气绝缘节）由调谐匹配单元（BA）及空心线圈（SVA）组成，其功能是实现两相邻轨道电路的电气隔离。除车站进出站口交界点外，各闭塞分区分界点均设置了电气绝缘节。

空心线圈设在调谐区，具有以下作用。

① 平衡牵引电流回流。空心线圈设置在长 29m 调谐区的两个调谐匹配单元的中间；它对于 50Hz 牵引电流呈现极小交流阻抗（约 10mΩ），因而对不平衡牵引电流电势有短路作用，如图 2-5（a）所示。

② 上、下行线路间两个空心线圈中心线的等电位连接。一方面平衡电路间的牵引电流，另外一方面可保证维修人员及设备安全（纵向防雷作用）。等电位连接图如图 2-5（b）所示：简单横向连接——两轨道间等电位连接时不直接接地（防雷元件接地）；完全横向连接——两轨道间等电位连接并接地。

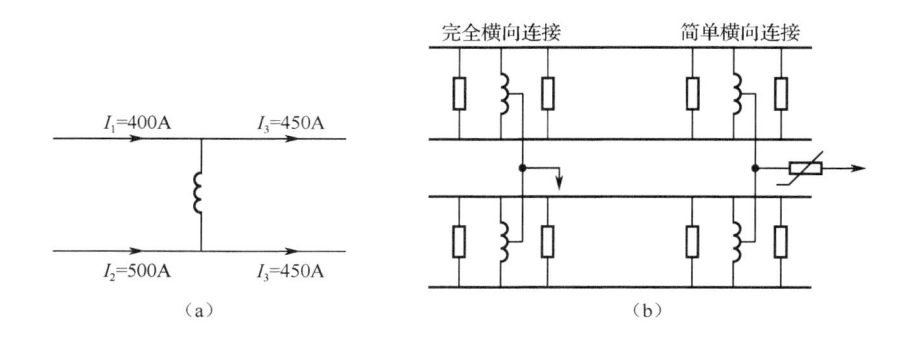

图 2-5 空心线圈的调谐作用

③ 抗流变压功能。作为抗流变压器，其总电流长时间低于 200A，比如在道岔斜股绝缘两侧各装一台中心线互连空心线圈。

第 2 章 区间信号控制仿真实验

④ 谐振槽路的 Q 值匹配。空心线圈对 1700Hz 和 2600Hz 的感抗值分别为 0.35Ω 和 0.54Ω,因此在调谐区中不能把它单独作为一个低阻值分路电抗进行分析,应将其作为并联谐振槽路的组成部分,以实现 Q 值匹配。

⑤ 调谐区两端设备纵向防雷。当复线区段设有完全横向连接线时,通过空心线圈中心点直接接入地线;当复线区段设有简单横向连接线时,通过防雷元件接地。

（2）机械绝缘节

车站的进出站口交界处设置机械绝缘节,由机械绝缘节空心线圈（SVA）与调谐匹配单元并联而成。机械绝缘节空心线圈的特性和结构特征与电气绝缘节空心线圈相同,按 1700Hz、2000Hz、2300Hz、2600Hz 分为四种,安装在机械绝缘节轨道边的基础桩上;其与相应频率调谐匹配单元并联,保持"电气绝缘节-机械绝缘节"间轨道电路的传输长度与"电气绝缘节-电气绝缘节"间轨道电路的传输长度相同。

（3）匹配变压器

匹配变压器一般按 $0.3\sim1.0\Omega/km$ 道砟电阻进行设计,以实现轨道电路（钢轨）与 SPT 铁路数字信号电缆的匹配连接,如图 2-6 所示。

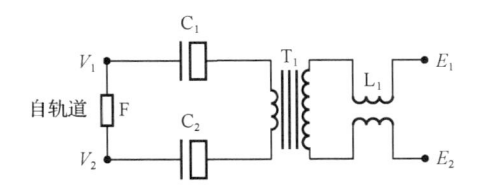

图 2-6 匹配变压器的工作原理

① V_1 和 V_2 经调谐匹配单元端子接至轨道;E_1 和 E_2 经 SPT 电缆接至室内。

② 综合考虑 $1.0\Omega/km$ 道砟电阻和低道砟电阻道床,变比优选为 $9:1$。

③ 钢轨侧电路中串联 2 个电解电容（C_1、C_2）,并按相反极性串接,构成无极性连接,实现隔直和交连功能,进而保证该设备在直流电力牵引区段中避免因直流成分造成磁路饱和。

④ F 为匹配变压器的雷电横向防护元件。

⑤ 电感 L_1 用于 SPT 电缆的容性补偿，或者当匹配变压器相对应处的轨道被列车分路时的额外阻抗（1700Hz 时约为 6.8Ω）。

（4）补偿电容

补偿电容的工作原理如图 2-7 所示。将补偿段钢轨 L 与电容器 C 视为串联谐振，并采用"等间距法"。无绝缘轨道电路两端 A、B 间的距离按补偿电容总量 N 等分，其步长为 $\Delta=L/N$；轨道电路两端按半步长 $\Delta/2$、中间段按全步长 Δ 设置电容量，以获得最佳传输效果。

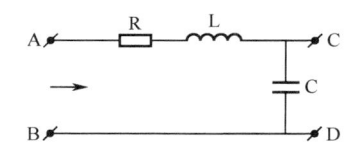

图 2-7 补偿电容的工作原理

（5）传输电缆

传输电缆采用 SPT 型铁路信号数字电缆，能够支持 1MHz（模拟信号）、2Mbit/s（数字信号）以及额定电压（交流为 750V 或直流为 1100V 及以下）铁路信号系统中有关设备和装置之间的连接，用于传输系统控制信息及电能。

（6）调谐区设备与钢轨间的引接线

调谐区设备与钢轨间的连接由 3700mm、2000mm 钢包铜引接线（各两根）构成，分别用于调谐匹配单元、电气绝缘节空心线圈、机械绝缘节空心线圈等设备与钢轨间的连接。

（7）防雷系统

防雷系统由横向防雷单元和纵向防雷单元两部分构成。横向防雷单元并联于调谐匹配单元的外接端子板上；纵向防雷单元接空心线圈中心点。

2．ZPW-2000 型无绝缘移频自动闭塞系统室内设备

ZPW-2000 型无绝缘移频自动闭塞系统室内设备包括发送器、接收器、衰耗冗余控制器、防雷模拟网络盘、室内防雷、无绝缘移频自动闭塞机柜等。各部分的作用和功能描述如下。

（1）发送器

发送器适用于非电气化和电气化区段的多信息无绝缘轨道电路区段，在车站适用于非电气化和电气化区段站内移频电码化发送。发送器产生 18 种低频信号，与 8 种载频（上、下行各 4 种）信号调制成高精度、高稳定移频信号供自动闭塞、机车信号和超速防护使用。它需要有足够的输出功率并且能根据需要调节发送电平，同时能对移频信号特征实现自检，发生故障时给出报警"$N+1$"冗余运用的转换条件。

（2）接收器

接收器的接收端和输出端均按双机并联运用，与另一台接收器构成相互热机并联运用系统（或称 0.5+0.5），保证接收系统的高可靠性，其主要功能如下。

① 解调主轨道电路移频信号，并配合与送电端相连接的调谐区短小轨道电路的检查条件，使轨道继电器动作。

② 解调与受电端相连接调谐区短小轨道电路移频信号，给出短小轨道电路执行条件并送至相邻轨道电路接收器。

③ 检查轨道电路是否完好，减少分路死区长度，并利用接收门限控制检查 BA 断线等。

（3）衰耗冗余控制器

衰耗冗余控制器用于调整主轨道电路和小轨道电路，其主要功能如下。

① 调整主轨道电路接收端的输入电平。

② 调整小轨道电路的正反向。

③ 给出发送和接收用电源电压，发送功出电压和轨道输入/输出 GJ、XGJ 测

试条件。

④ 给出发送、接收故障报警和轨道占用指示灯等：发送工作灯——绿灯亮表示发送器工作正常，灭灯表示发送器故障；接收工作灯——绿灯亮表示接收器工作正常，灭灯表示接收器故障；轨道占用灯——绿灯亮表示区段空闲，红灯亮表示区段占用。

⑤ 在"$N+1$"冗余运用中，在接收器故障转换时衔接主轨道继电器和小轨道继电器的落下延时。

（4）防雷模拟网络盘

防雷模拟网络盘设在室内，用于补偿 SPT 电缆长度，使得两者长度之和为 10km。通常，防雷模拟网络盘按 0.5km、0.5km、1km、2km、2km、2×2km 六节设计，如图 2-8 所示。

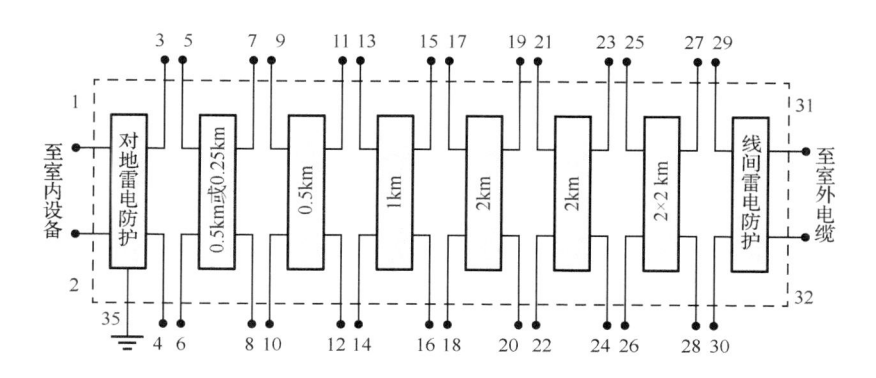

图 2-8 防雷模拟网络盘原理框图

（5）室内防雷

室内防雷采用纵向与横向雷电防护。防雷设备设在防雷模拟网络盘内，纵向为低转移系数的防雷变压器，横向为带劣化显示的压敏电阻。

（6）无绝缘移频自动闭塞机柜

发送器、接收器、衰耗冗余控制器均放置在机柜中。每台机柜可放置 10 套轨道电路设备：纵向 5 路组合，每路组合可容纳 2 套轨道电路设备，包括发送器、接收器、衰耗冗余控制器各两台及发送、接收断路器，2 个 3×18 柱端子。

3．ZPW-2000 型无绝缘移频自动闭塞系统的工作原理

（1）载频和频偏的选择

ZPW-2000 型无绝缘移频自动闭塞系统的低频和载频沿用 UM71 技术。载频分为 1700Hz、2000Hz、2300Hz、2600Hz 四种，其中上行线使用 2000Hz 和 2600Hz 交替排列，下行线使用 1700Hz 和 2300Hz 交替排列。UM71 轨道电路的频偏 Δf 为 11Hz。UM71 低频调制信号 F_c（低频信息）从 10.3Hz 至 29Hz 按 1.1Hz 递增，共计 18 种，其代码和含义如表 2-2 所示。在一个周期内，低频调制信号的频率在 f_1 与 f_2 间切换。$f_1=f_0-\Delta f$，$f_2=f_0+\Delta f$。

表 2-2 18 种低频调制信号的代码和含义

码 序	代 码	频率/Hz	含 义
F1	H（JC）	29	紧急停车、$N+1$
F2	JC	27.9	占用检查
F3	HU	26.8	停车
F4	QH	25.7	载频切换
F5	HB	24.6	引导、容许
F6	L4	23.5	前方空闲 6 个分区
F7	—	22.4	预留
F8	L5	21.3	前方空闲 7 个以上分区
F9	U2S	20.2	次一架信号机显示一个黄色闪光灯和一个黄灯
F10	UUS	19.1	前方经过大号码道岔侧向
F11	UU	18	前方站进侧线
F12	U	16.9	前方空闲 1 个分区（前方站进正线）
F13	—	15.8	预留
F14	U2	14.7	次一架信号机显示双黄灯（直进弯出）
F15	LU	13.6	前方空闲 2 个分区（允许列车按照规定速度运行）
F16	L2	12.5	前方空闲 4 个分区（允许列车按照规定速度运行）
F17	L	11.4	前方空闲 3 个分区（允许列车按照规定速度运行）
F18	L3	10.3	前方空闲 5 个分区

(2) 基本工作原理

在移频自动闭塞区段，移频信息按照运行列车占用闭塞分区的状态，自动地向各闭塞分区进行传递。

如图 2-9 所示，下行线有两列列车 A、B 运行，列车 A 运行在 1G 分区，列车 B 运行在 5G 分区。由于 1G 被列车占用，因此防护该闭塞分区的通过信号机 7 显示红灯，这时信号点 7 的发送设备自动向闭塞分区 2G 发送以 26.8Hz 调制的 2300Hz 中心载频的移频信号。当信号点 5 的接收设备接收到该移频信号后，通过信号机 5 显示黄灯，此时信号点 5 的发送设备自动向闭塞分区 3G 发送以 16.9Hz 调制的 1700Hz 中心载频的移频信号。当信号点 3 的接收设备接收到该移频信号后，通过信号机 3 显示绿黄灯，并自动向闭塞分区 4G 发送以 13.6Hz 调制的 2300Hz 中心载频的移频信号。当信号点 1 的接收设备接收到该移频信号后，通过信号机 1 显示绿灯，并自动向 5G 发送以 11.4Hz 调制的 1700Hz 中心载频的移频信号。

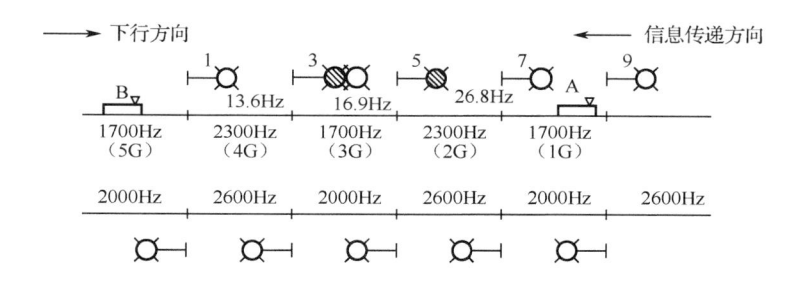

图 2-9 ZPW-2000 型无绝缘移频自动闭塞系统的工作原理

由于续行列车 B 已进入 5G 分区，该区段的接收设备接收不到以 11.4Hz 调制的 1700Hz 中心载频的移频信号，防护后续区段的信号机显示红灯。与 1G 区段相同，此时列车 B 可按绿灯显示定速运行。如果列车 A 由于某种原因停在 1G 分区，续行列车 B 进入 3G 分区时见到信号机 5 显示黄灯，则应注意减速运行。当续行列车 B 进入 2G 分区时见到信号机 7 显示红灯，则应采用制动措施使列车 B 能停在显示红灯的信号机 7 的前方。因此，根据列车占用闭塞分区状态，该系统自动改变地面信号机的显示，准确地指挥列车运行，实现自动闭塞。

2.2 实验系统介绍

2.2.1 半自动闭塞仿真实验系统

半自动闭塞仿真实验系统主要通过操作仿真界面办理闭塞手续，仿真系统软件结构如图 2-10 所示。闭塞机内的 13 个不同功能的继电器控制操作逻辑（即通过继电器的状态变化传递系统的操作命令），在模拟站场中完成半自动闭塞手续办理，实现半自动闭塞功能。主要操作步骤包括正常办理接发车手续、办理取消复原手续、设置系统模拟故障、事故之后的复原手续等。成功办理闭塞手续后，可以看到相关继电器的动作程序并分析继电电路。

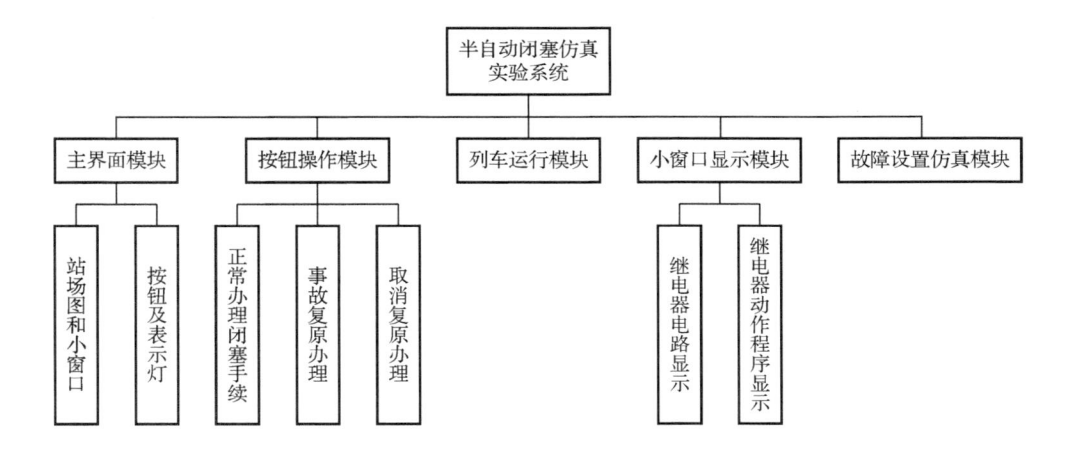

图 2-10 半自动闭塞仿真实验系统软件结构

启动系统时，主界面如图 2-11 所示。系统初始界面显示两车站接发车表示灯均亮红灯时，表示系统刚断电重启，需要办理事故复原手续使闭塞机恢复定位。当闭塞机恢复到定位后，可进行如下操作：正常接发车手续的办理操作、取消复原的办理操作、事故复原的办理操作。当办理事故复原后，待接发车表示灯红灯熄灭，手续办理成功。

在进行闭塞操作时，系统动态显示继电器电路的动作情况，将其拆分为 8 个单元电路进行显示，如图 2-12 所示。初始状态下，所有继电器均处于落下状态，显示为红色；当继电器吸起时，显示为黄色。闭塞电路仿真端启动后收到来自操作界面显示端的通信，初始化继电器状态，此时 BSJ 吸起，其余继电器均落下，如图 2-13 所示。

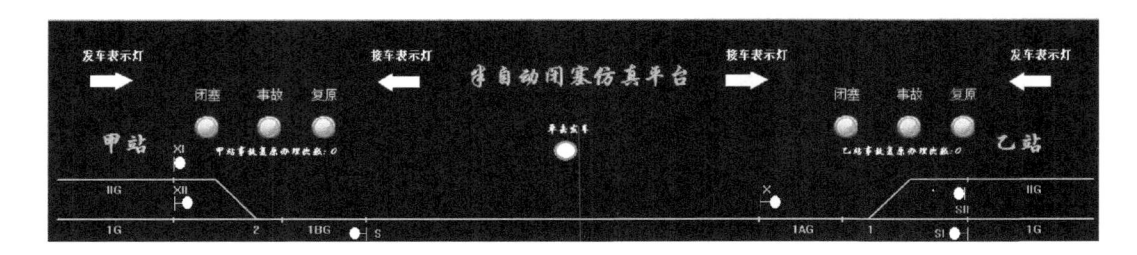

图 2-11 主界面

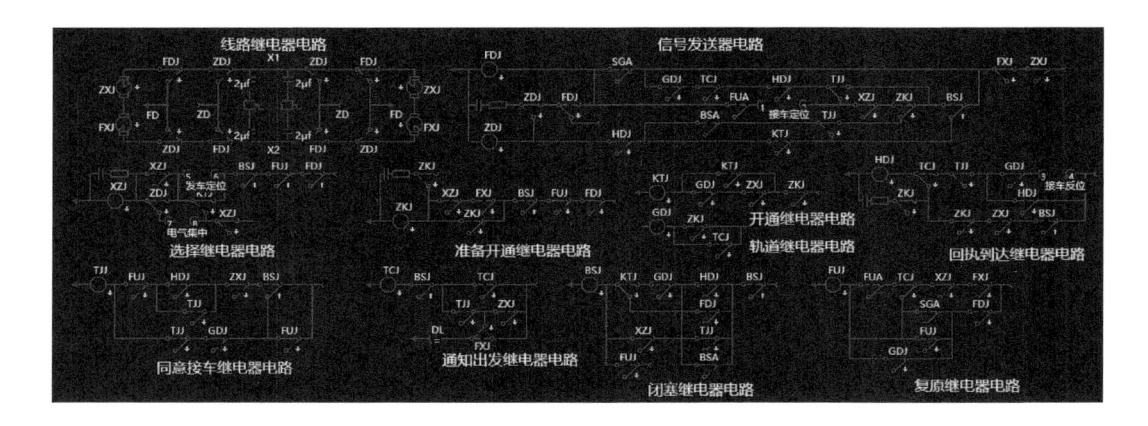

图 2-12 闭塞电路仿真端窗口

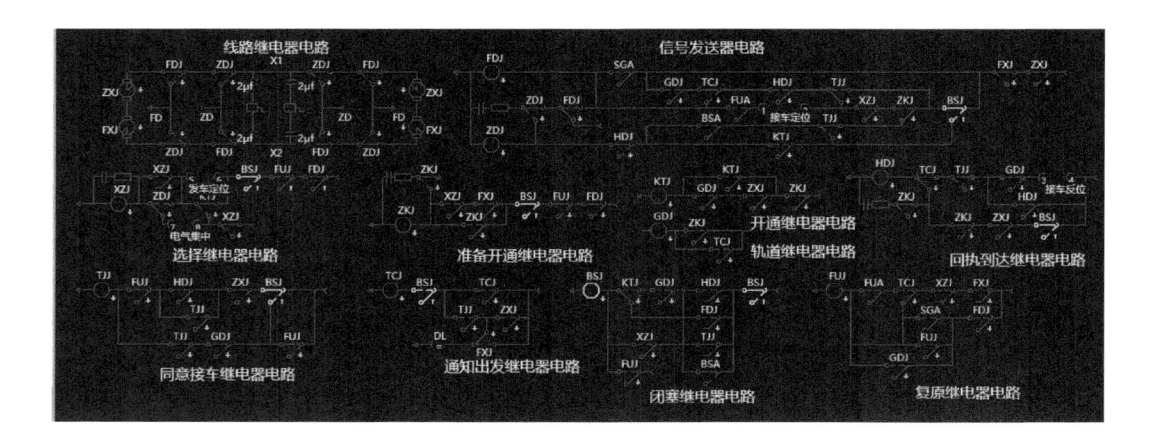

图 2-13 闭塞电路仿真端初始化

2.2.2 自动闭塞仿真实验系统

自动闭塞仿真实验系统通过列车在自动闭塞区段的运行,动态展现 ZPW-2000 型无绝缘移频自动闭塞系统的工作过程和发码原理。实验中以西南交通大学"九里站—犀浦站"区间的移频自动闭塞为模拟场景,如图 2-14 所示。

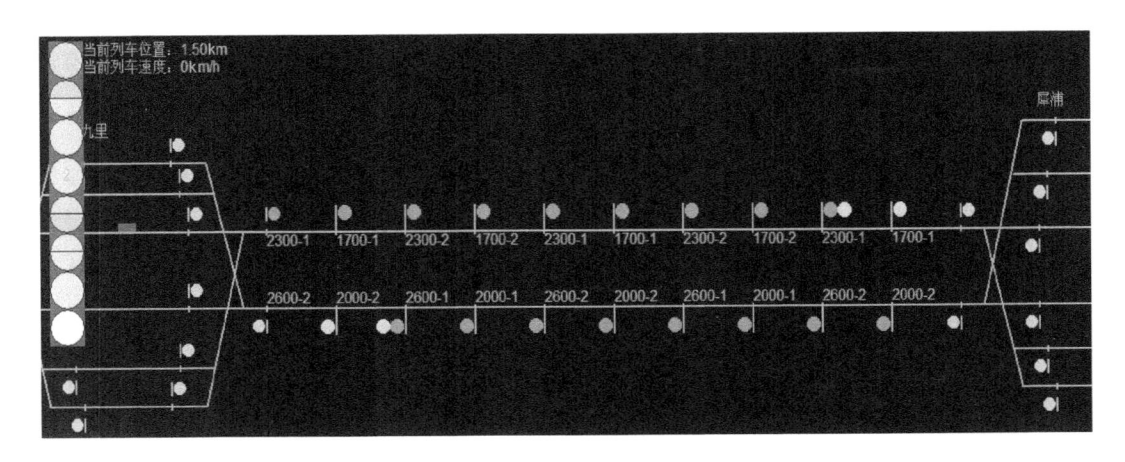

图 2-14 自动闭塞仿真实验系统界面

2.3 实验 2-1:半自动闭塞仿真实验

2.3.1 实验目的

1. 了解区间闭塞的概念与原理,掌握 64D 型继电半自动闭塞系统的结构和原理。

2. 通过实验操作,掌握半自动闭塞手续办理过程及列车控制过程。

3. 掌握 64D 型继电半自动闭塞系统继电器动作过程及继电逻辑电路工作原理。

2.3.2 实验设备

64D 型继电半自动闭塞仿真实验系统。

2.3.3 实验内容

1. 实验操作

步骤一：软件启动。

单击"64D 型继电半自动闭塞仿真实验系统软件"进入仿真实验系统，主界面如图 2-15 所示。根据界面显示可以看到两车站接发车表示灯均亮红灯，表示系统刚断电重启，需要办理事故复原手续使闭塞机恢复正常状态。

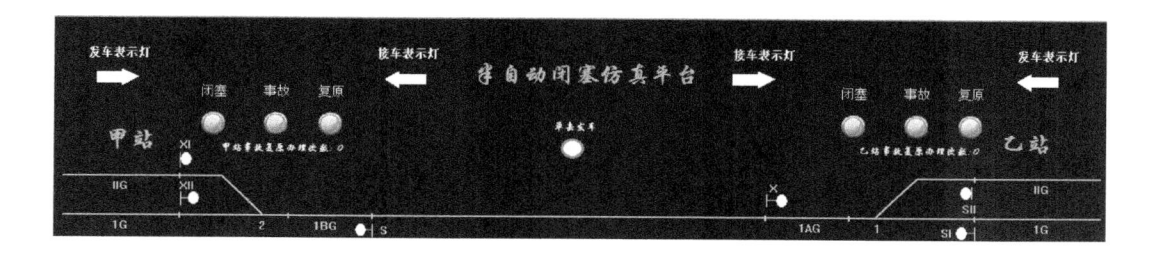

图 2-15 主界面

步骤二：甲站请求发车。

甲站值班员首先确定控制台上接发车表示灯均处于熄灭状态，然后确认区间为空闲状态，最后通过电话联系乙站，并按下闭塞按钮发送请求发车信号，乙站电铃响。当甲站松开闭塞按钮，乙站自动发送回执信号，此时甲站发车表示灯变黄且电铃响，同时乙站接车表示灯也变黄。请求发车信号电流通路如图 2-16 所示，自动回执信号电流通路如图 2-17 所示。

步骤三：乙站同意接车。

乙站值班员确认接车表示灯变为黄灯后，可以按下闭塞按钮，发送同意接车信号，表示同意甲站发车。乙站接车表示灯亮绿灯，同时，甲站发车表示灯亮绿灯且甲站电铃响。同意接车信号电流通路如图 2-18 所示。

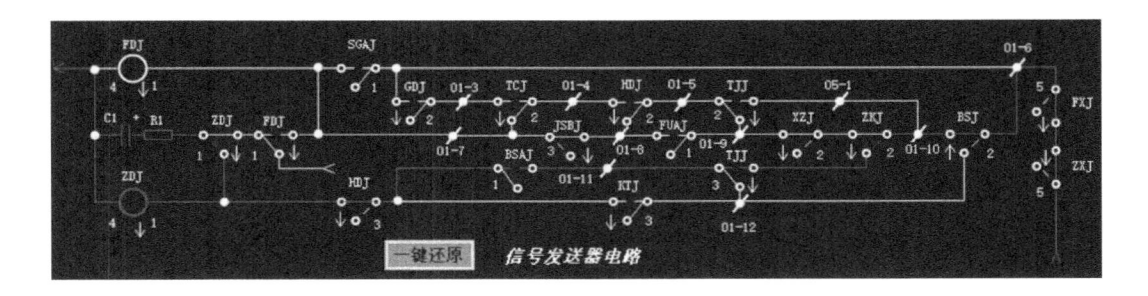

图 2-16　请求发车信号电流通路

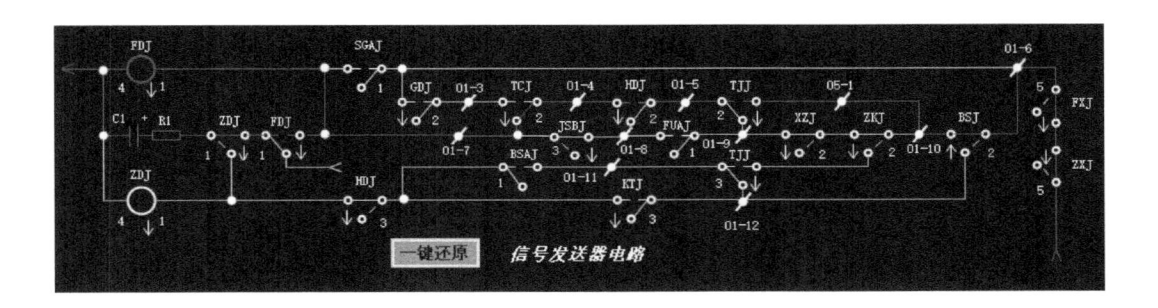

图 2-17　自动回执信号电流通路

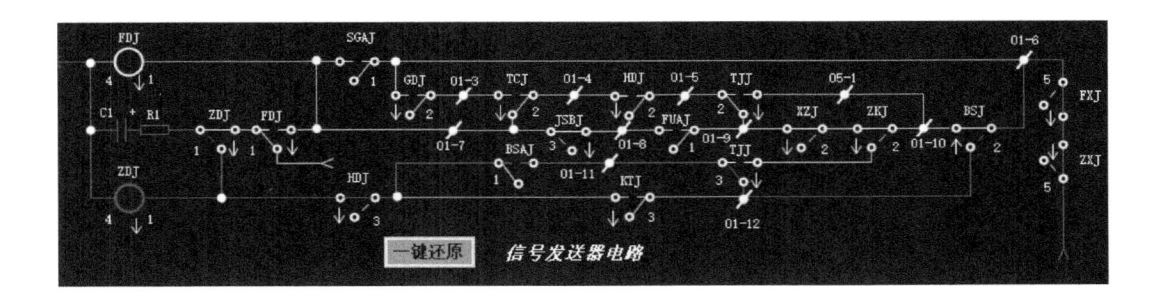

图 2-18　同意接车信号电流通路

步骤四：列车从甲站出发。

甲站发车表示灯变绿后，值班员即可办理发车进路，出站信号机开放。直到列车驶进出站信号机内方，出站信号机关闭。列车进入甲站出站信号机内方第一个轨道区段时，发车表示灯变为红灯，此时甲站向乙站发送出发通知信号，乙站接车表示灯变红，电铃响。此时，区间内有车运行，双方闭塞机均处于闭塞，双方也不能再次开放出站信号机。列车从甲站出发主界面显示如图2-19所示。

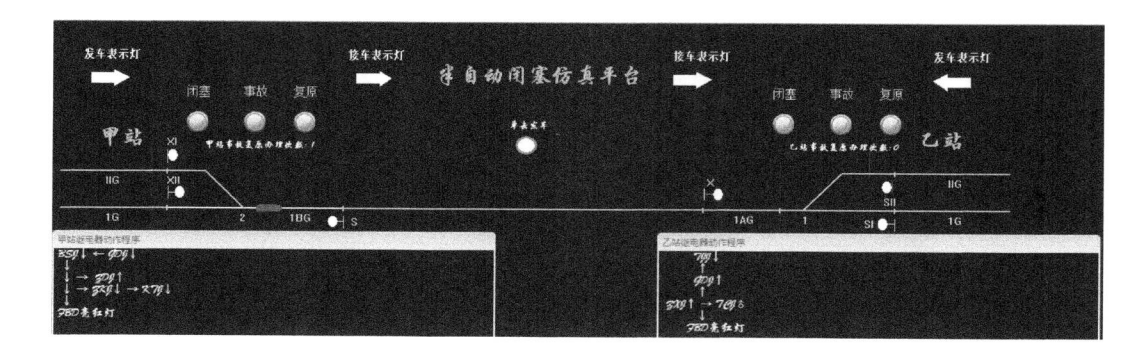

图 2-19　列车从甲站出发主界面

步骤五：列车达到乙站。

乙站应在同意接车后、列车到达前提前准备好接车进路，根据列车运行情况及时开放进站信号机准备进行接车作业。列车进入进站信号机内方时，乙站接发车表示灯均变红，表示列车到达，同时乙站进站信号机关闭。

步骤六：列车到达复原。

列车出清、接车进路解锁后，乙站需要确认列车完整到达，然后按下复原按钮办理复原，乙站向甲站发送复原信号，于是两站接发车表示灯熄灭，并且甲站电铃响起。列车到达复原信号电流通路如图2-20所示。

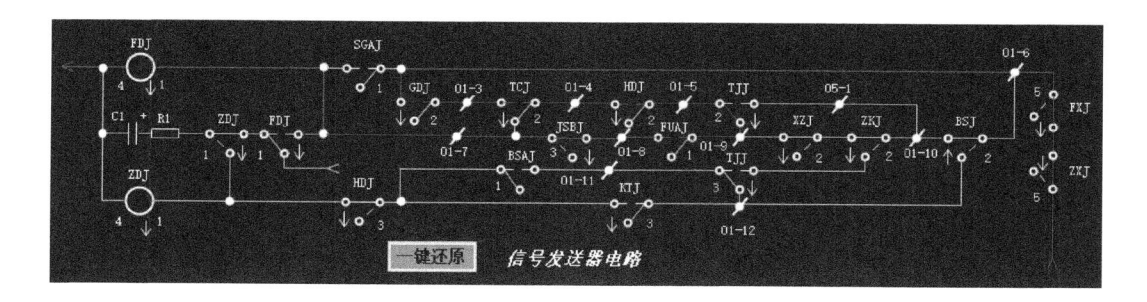

图 2-20　列车到达复原信号电流通路

第 2 章 区间信号控制仿真实验

步骤七：总结正常闭塞手续办理过程。

两站正常闭塞手续办理完成后，闭塞机均处于定位状态。正常闭塞手续办理过程如表 2-3 所示。

表 2-3 正常闭塞手续办理过程

办理步骤	发车站				脉冲线路	接车站					
	GD	BSA	DL	FBD		JBD	FBD	DL	FUA	BSA	GD
甲站请求发车		按下	鸣响	U	→ + ← −	U		鸣响			
乙站同意接车			鸣响	L	← +	L				按下	
列车出发	占用			H	→ +	H		鸣响			
列车到达				H		H	H				占用
到达复原			鸣响		← −				按下		

步骤八：取消复原（出站信号机未开放）。

取消复原是在正常办理进路的过程中，如果某一车站需要取消进路，就可以办理取消复原的手续。

当请求发车手续办理完成后，出站信号机未开放之前，都可以直接单击发车站复原按钮，使本车站发车表示灯和对方站接车表示灯黄灯熄灭，并且在小窗口显示两车站继电器电路的变化，取消复原如图 2-21 所示。

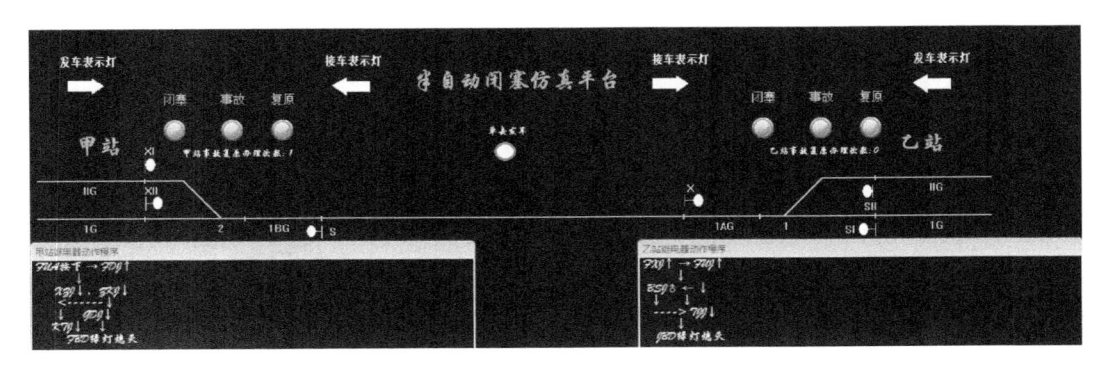

图 2-21 取消复原的办理

步骤九：取消复原（出站信号机开放）。

当开放出站信号机后，列车还未出发之前，需要先用鼠标左键单击人工解锁菜单，再用鼠标右键单击始端信号机（即出站信号机），信号机马上关闭，然后进行延时，待延时结束后列车还未越过进站信号机，则对进路解锁。人工解锁进路完成后，再办理取消复原手续。如图 2-22 所示是甲站正线发车时办理人工解锁的延时模拟。

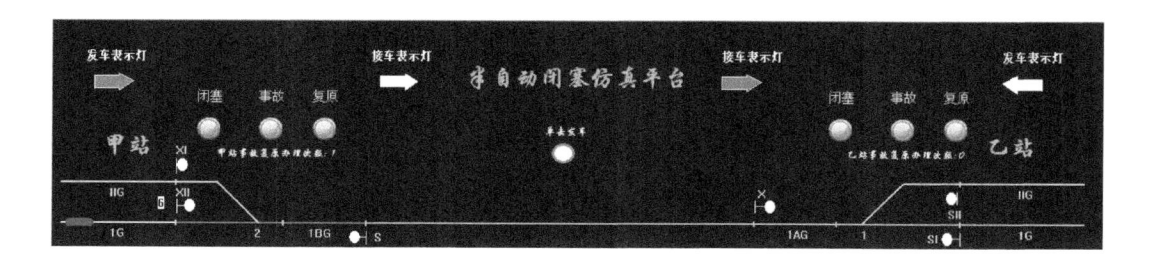

图 2-22　人工延时解锁

步骤十：事故复原。

在办理闭塞手续之前，可以用鼠标右键单击接车站进站信号机内方第一个轨道区段，在弹出的快捷菜单中选择"故障"选项，模拟对该轨道区段设置故障，当列车到达接车站时，接车站发车表示灯变红，提醒操作员列车进入接车站。当列车出清 1AG 时，由于故障使轨道继电器不能吸起，而轨道区段的解锁利用三点检查方式，因此后面的轨道区段也不能解锁。如图 2-23 所示为轨道区段故障时列车到达接车站的情况。此时办理到达复原手续就不会被系统响应，需要按下事故按钮，办理事故复原手续，使进路正常解锁，同时让闭塞机恢复定位，两车站亮红灯的表示灯均熄灭。

图 2-23　轨道区段故障时列车到达车站的情况

2. 课内外问题

(1) 什么是事故复原？如何执行？

(2) 取消复原的第三种情况"在发车站开放出站信号机后，列车尚未出发之前取消复原"，若要执行此复原需要进行哪些步骤？

(3) 请概要分析半自动闭塞电路是否符合"故障-安全"原则？

(4) 继电半自动闭塞和车站联锁设备结合需要注意些什么？

2.4 实验 2-2：自动闭塞仿真实验

2.4.1 实验目的

1. 熟悉 ZPW-2000 型无绝缘移频自动闭塞系统的结构及工作原理。

2. 掌握 ZPW-2000 型无绝缘移频自动闭塞系统室外单元和室内单元的组成与原理。

3. 掌握 ZPW-2000 型无绝缘移频自动闭塞系统的编码原理。

4. 通过实验的操作，掌握列车在区间运行过程中，ZPW-2000 型无绝缘移频自动闭塞系统编发码工作原理与过程。

2.4.2 实验设备

ZPW-2000 型无绝缘移频自动闭塞仿真实验系统。

2.4.3 实验内容

1. 实验操作

步骤一： 软件启动。

启动区间信号实验系统，选择"ZPW-2000移频自动闭塞实验"选项进入实验系统，实验系统初始化界面如图 2-24 所示。

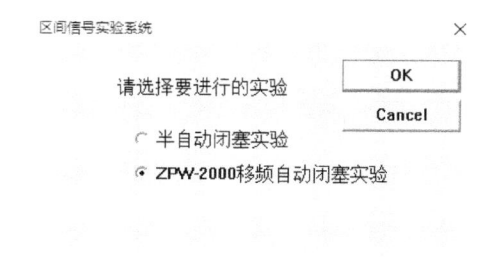

图 2-24 实验系统初始化界面

步骤二： 区间闭塞分区正常发码。

单击"重新初始化站场"按钮，将实验系统恢复到初始状态，区间各闭塞分区正常发码，如图 2-25 所示。观察并记录九里校区至犀浦校区的载频和犀浦校区至九里校区的载频差异，分析 ZPW-2000 型无绝缘移频自动闭塞系统基本编码原理。

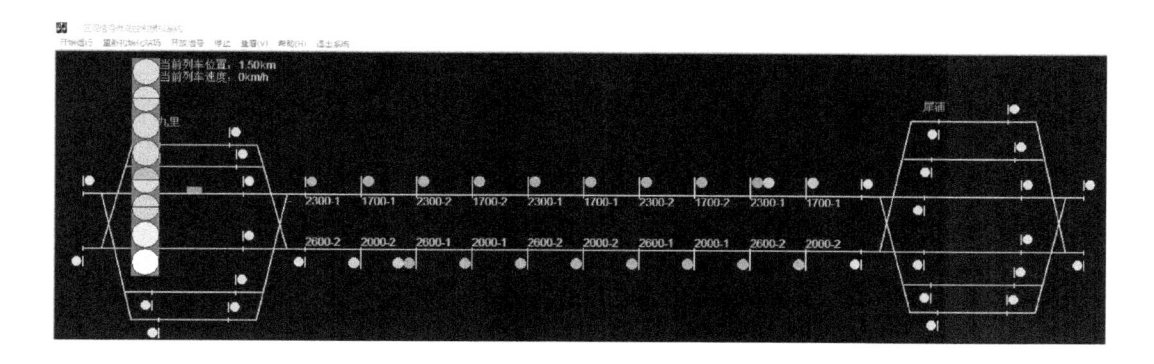

图 2-25 区间各闭塞分区正常发码

步骤三：开放发车信号。

单击"开放发车信号"按钮,开放"九里"站正线出站信号机,观察机车信号变化情况,分析机车信号变化的原因及实现原理,如图 2-26 所示。

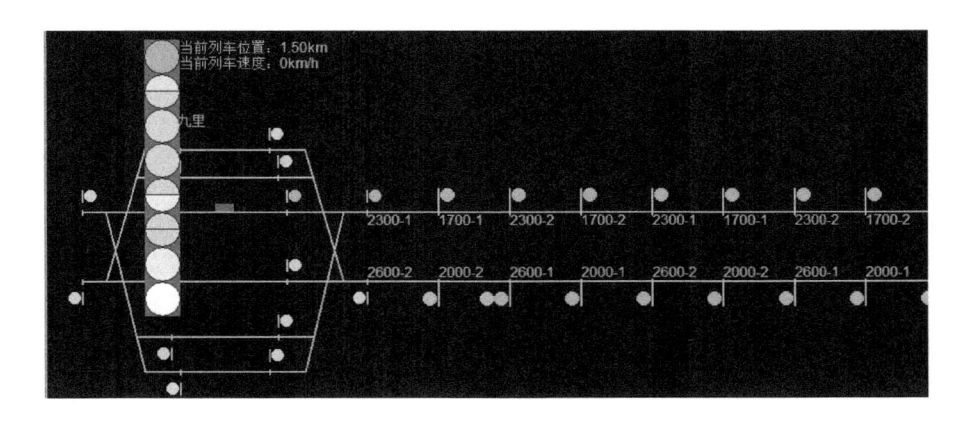

图 2-26 开放发车信号

步骤四：列车区间运行（低频信息分析）。

操作控制列车在区间运行,记录各个闭塞分区的低频变化情况,分析低频码含义及编码原理,如图 2-27 所示。

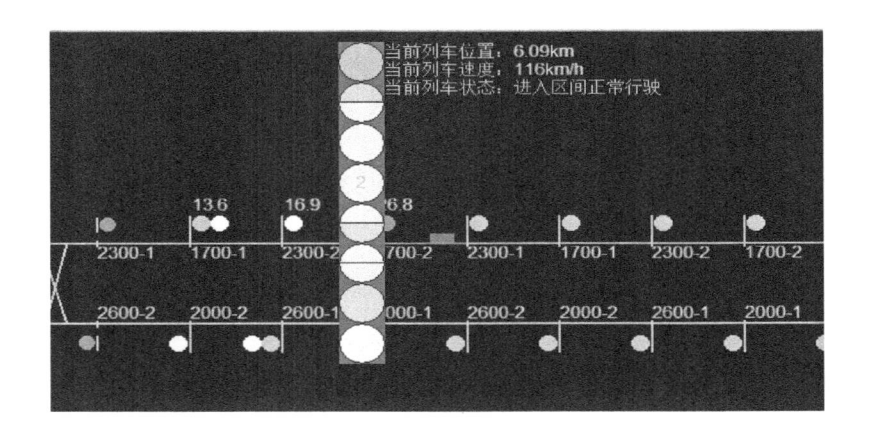

图 2-27 列车区间运行

步骤五：列车区间运行（机车信号显示）。

操作控制列车在区间运行,记录机车信号机的变化情况,分析机车信号显示含义，参考图 2-27。

步骤六：列车正线进站停车。

当列车运行到"犀浦"站进站信号机前方时，办理列车正线接车进路，记录接车站进站信号机和机车信号机的显示情况，分析正线接车时编发码控制原理，如图 2-28 所示。

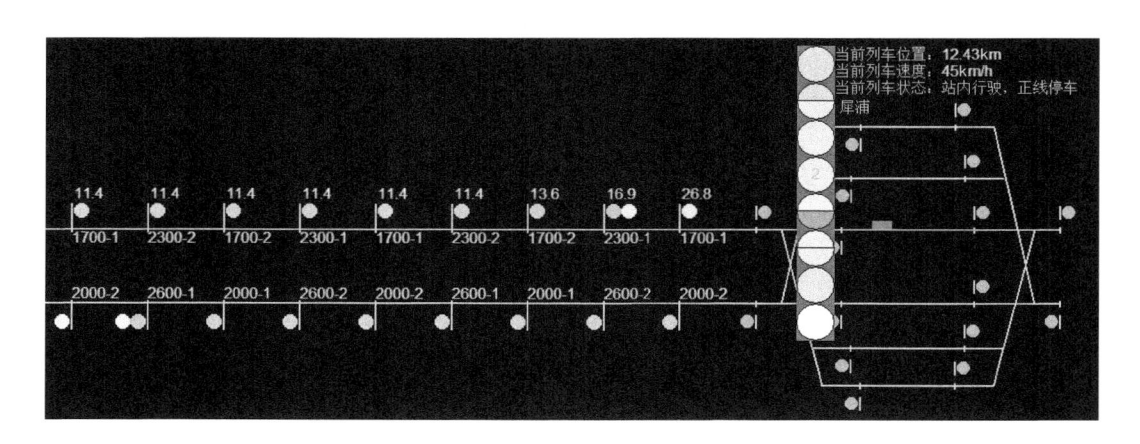

图 2-28 列车正线进站停车

步骤七：列车侧线进站停车。

重复操作控制列车运行到"犀浦"站进站信号机前方，办理列车侧线接车进路，记录接车站进站信号机和机车信号机的显示情况，分析侧线接车时编发码控制原理。

步骤八：列车正线通过。

重复操作控制列车运行到"犀浦"站进站信号机前方，办理列车正线通过进路，记录接车站进站信号机和机车信号机的显示情况，分析列车正线通过时编发码控制原理。

步骤九：ZPW-2000 型无绝缘移频自动闭塞系统低频信息分配。

通过相关实验操作，总结 ZPW-2000 型无绝缘移频自动闭塞系统涉及的低频信息及含义并填入表 2-4。

表 2-4　低频信息分配表

序号	1	2	3	4	5	6	7	8	9
信息名称	L5 码	L4 码	L3 码	L2 码	L 码	LU 码	LU2 码	U 码	U2S 码
频率/Hz									
序号	10	11	12	13	14	15	16	17	18
信息名称	U2 码	UU2 码	UU 码	HB 码	HU 码	H 码	载频切换	占用检查	L6 码（预留）
频率/Hz									

步骤十：机车信号低频信息分配。

通过相关实验操作，总结机车信号低频信息及含义并填入表 2-5。

表 2-5　机车信号低频信息分配

序号	1	2	3	4	5	6	7	8	9
信息名称	L 码	LU 码	U 码	U2S 码	U2 码	UUS 码	UU 码	HB 码	HU 码
机车信号显示									
频率/Hz									

2．课内外问题

（1）为什么下行区间载频是"1700-1""2300-1""1700-2""2300-2"交叉排列？这里的"-1""-2"是什么意思？

（2）低频信息 24.6Hz、14.7Hz、19.1Hz 分别表示何种意义？

（3）请概要分析自动闭塞系统如何实现列车区间安全追踪？

（4）请分析自动闭塞系统和车站联锁设备结合需要注意些什么？

第 3 章

计算机联锁仿真实验

第 3 章 计算机联锁仿真实验

计算机联锁仿真实验主要针对保障列车站内安全运行的联锁技术开展实验教学，培养学生对车站联锁控制系统灵活应用的实践能力。本章包含 3 个实验，涉及计算机联锁的进路建立、进路解锁和进路行车等。

3.1 实验原理

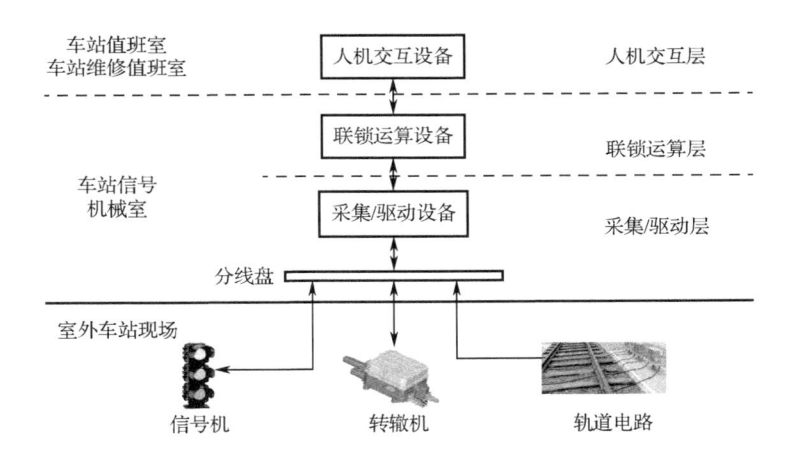

3.1.1 计算机联锁系统结构

计算机联锁系统基于计算机、控制和通信等技术，实现车站联锁实时控制功能。该系统一般采用如图 3-1 所示的结构，包括人机交互层、联锁运算层和采集/驱动层。人机交互层与联锁运算层之间、联锁运算层与采集/驱动层之间通过不同的通信方式进行相互连接，构成一个具有三个层次的实时控制系统。

图 3-1 计算机联锁系统结构

人机交互设备主要由人机接口计算机和维修机构成，它们分别是车站操作人员的操作平台和信号维修人员的维护平台。人机接口计算机也被称为上位机（一般采用高可靠性的工控机等）。计算机联锁系统上位机运行界面如图 3-2 所示。它采用双机冗余结构形式，接收车站操作人员下达的各种操作命令，并将其下发给联锁运算层的联锁机，同时实时显示站场的作业情况（如信号机当前工作状态、道岔当前位置、进路当前的状态等）。维修机一般采用高可靠性的工业控制计算机，存储系统中各种工作信息（存储时间一般为一个月），并且可以根据存储的工作信息对历史作业情况进行回放，对设备故障进行显示、分析、统计和打印等，便于设备维护和故障维修。

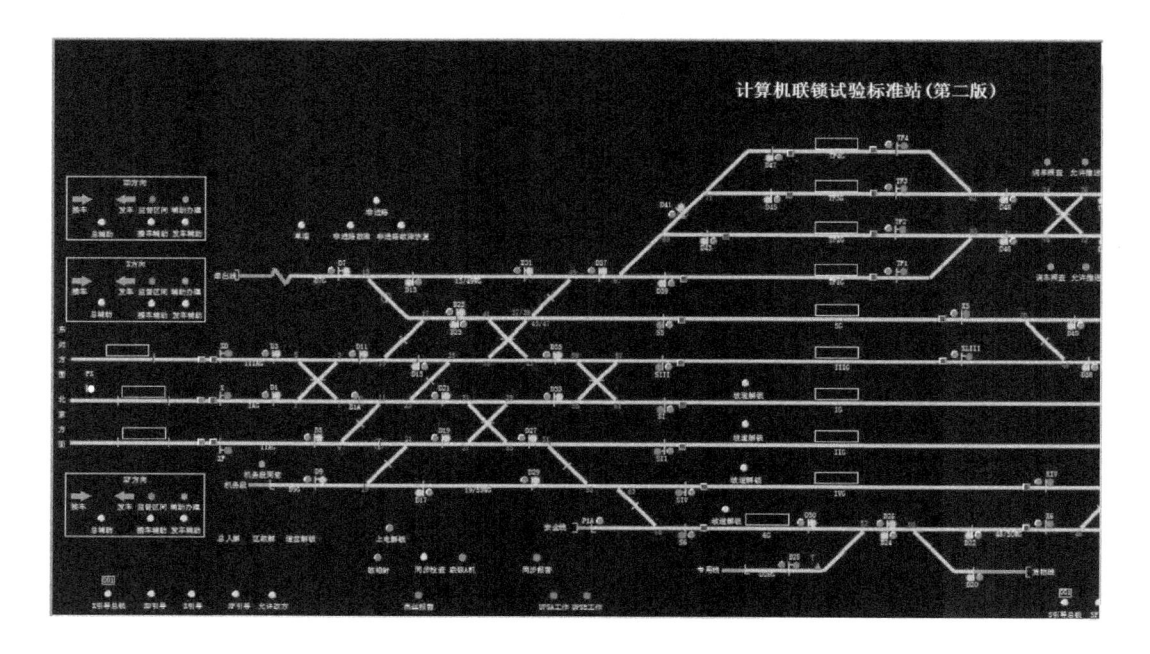

图 3-2 计算机联锁系统上位机运行界面

联锁运算设备采用冗余结构形式。联锁机实时接收从上位机下达的联锁命令，根据采集/驱动层接收到的室外信号机、道岔和轨道电路的状态，进行联锁逻辑运算，并根据运算结果下达控制命令，如道岔的操纵、信号的开放/关闭等。

采集/驱动设备一般由采集/驱动电路板和继电器电路构成。其中，继电器电路实现与室外信号机、转辙机、轨道电路等信号设备的连接。采集/驱动电路板在联锁机和继电器电路之间承担信息转换和信息传递的功能。驱动板从联锁机实时接收信号开放/关闭、道岔操纵等操作命令来驱动继电器电路工作，以及继电器电路接通/断开室外信号机、转辙机等控制电路的工作。采集板通过采集继电器电路中各继电器的接点来得到室外信号设备的当前状态，并将其提供给联锁机。

3.1.2 计算机联锁系统的工作原理

计算机联锁系统工作原理如图 3-3 所示，包括命令执行过程和信息反馈过程。

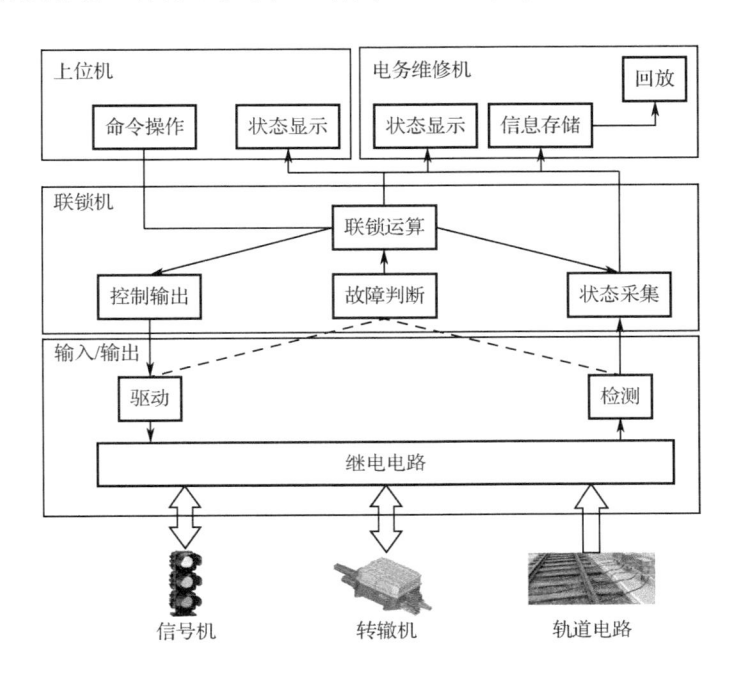

图 3-3 计算机联锁系统工作原理

1. 命令执行过程

车站操作人员根据站场显示、调度命令要求，利用上位机办理操作命令（如选排进路、单操道岔等）。上位机接到操作人员的操作命令后，将操作命令以固定的命令格式发送给联锁机。联锁机接到操作命令后，根据从输入/输出层采集的继电器状态信息（即室外设备信息）、联锁机内部状态信息和故障检测情况进行联锁处理。联锁处理后，如果产生驱动命令（如使道岔操纵的命令、信号开放的命令等），则将其以数字量形式发送至输入/输出接口的驱动电路板。驱动电路板接收驱动命令后，为相应的继电器接通（或断开）驱动电源，使相应的继电器吸起（或落下）。继电器电路主要由信号机控制电路和道岔控制电路构成，继电器吸起（或落下）动作将连通（或断开）相应的控制电路，控制室外信号设备的动作（如信号开放/关闭、转辙机转换等）。

2. 信息反馈过程

室外信号设备动作（如道岔开始向反位转换）导致室内的表示继电器电路发生变化，表示继电器的状态及其状态变化又通过采集电路板实时反馈到联锁机。联锁机存储这些采集的信息，一方面作为联锁逻辑处理的依据；另一方面将其发送给上位机，供上位机进行站场的实时显示。按照"故障-安全"原则，联锁机还需对采集电路板、驱动电路板以及联锁机自身进行故障检测。检测结果一方面提供给联锁机，作为是否进行联锁逻辑运算的依据；另一方面将设备故障信息发送到上位机和维修机，提醒操作人员和维护人员进行故障处理。此外，联锁机还需将命令的执行情况（如排列进路时进路中道岔转换是否超时、进路是否在锁闭状态等）反馈给上位机和维修机，以便上位机和维修机进行站场的实时显示。

3.2 实验系统介绍

计算机联锁仿真实验系统采用虚拟仿真方式，同时结合实验教学的具体需求进行设计，并加入了设备故障模拟、走车模拟等特定功能。

计算机联锁仿真实验系统由上位机软件和联锁机软件组成，如图 3-4 所示，两个软件安装在 PC 内并通过网络接口进行通信。

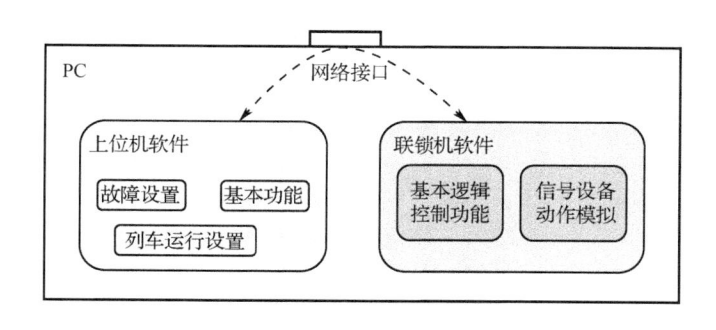

图 3-4 计算机联锁仿真实验系统结构

上位机软件包括基本功能模块、故障设置模块和列车运行设置模块。基本功能模块完成上位机基本功能，包括站场动态显示、接收值班员操作命令、与联锁机的通信功能等。故障设置模块可对站场内任一信号机、道岔、轨道电路等信号设备进行故障设置，如信号机灯丝断丝、道岔失去表示、轨道电路故障占用等。列车运行设置模块可以自动或人工方式模拟列车运行。当设置为自动运行方式时，列车根据建立好的进路自动模拟列车前行；当设置为人工运行方式时，由操作员操作列车依次占用和出清进路轨道区段模拟列车前行。

计算机联锁仿真实验系统通过配置的上位机软件、联锁机软件以及配置的电务维修机软件，实现如下车站联锁控制功能。

（1）单个信号设备的操作控制功能，包括信号机的重复开放信号，道岔的总定/总反、单锁/单解、封闭/解封，区段故障解锁等。

（2）站场内进路控制功能包括接车进路、发车进路、（长）调车进路、变通进路、调车中途折返、引导进路、引导总锁闭等。

（3）各种信号设备故障模拟功能，包括模拟信号机灯丝断丝/恢复、转辙机失去表示/恢复、轨道电路故障占用和分路不良等，可在进路处理的任意时段对站场内信号设备进行上述故障模拟。

（4）人工和自动模拟走车方式，模拟列车在进路内的运行情况。

计算机联锁仿真实验系统站场如图 3-5 所示，关键操作说明如下。

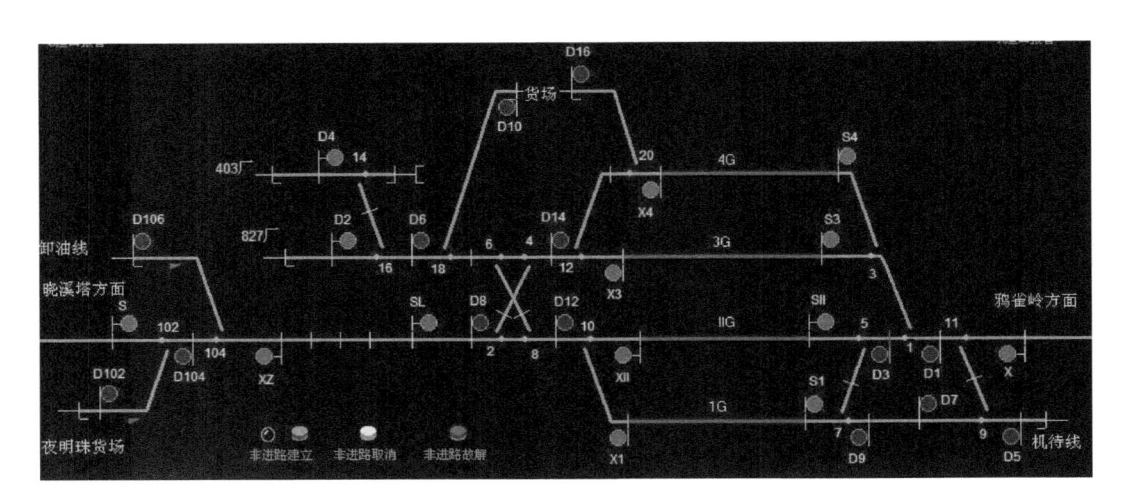

图 3-5 计算机联锁仿真实验系统站场

（1）单个设备操作

①道岔总定与总反；②道岔单锁与单解；③道岔封闭与解封；④区段故障解锁；⑤重复开放信号。

（2）进路办理

①调车基本进路；②（长）调车进路；③接车进路；④发车进路；⑤取消进路；⑥人工解锁；⑦引导进路；⑧引导进路解锁；⑨引导总锁闭；⑩引导总解锁。

（3）故障设置和取消

①信号机灯丝断丝及恢复；②道岔失去表示及恢复；③区段占用及出清。

（4）列车运行模拟

①自动运行模拟；②人工运行模拟。

3.3　实验 3-1：进路建立仿真实验

3.3.1　实验目的

1．了解计算机联锁仿真实验系统的结构，熟悉实验设备的使用方法。

2．通过办理进路过程和单个设备的操作过程，掌握各种进路的选路处理过程。

3.3.2　实验设备

计算机联锁仿真实验系统。

3.3.3 实验内容

1. 实验操作

先启动计算机联锁仿真实验系统的联锁机软件，再启动上位机软件，进入仿真实验系统，主界面如图 3-5 所示。

步骤一：道岔单独操纵。

办理道岔的总定和总反，办理道岔的单锁和单解，并验证道岔单锁后能否再转换，如图 3-6 所示。

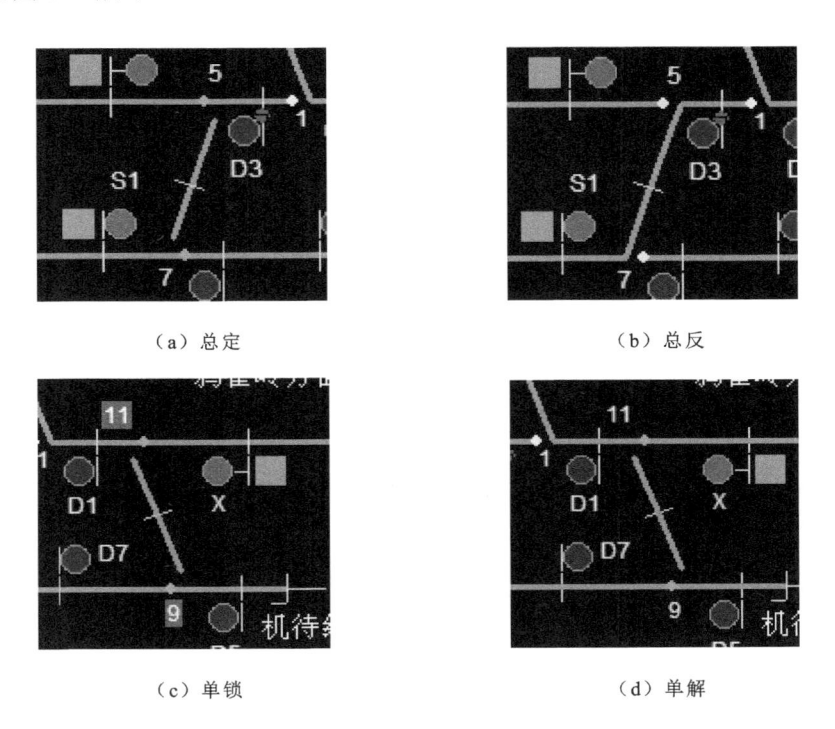

（a）总定　　　　　　　　　　（b）总反

（c）单锁　　　　　　　　　　（d）单解

图 3-6　道岔单独操纵

步骤二：调车基本进路。

办理 D5 至 D9 之间调车基本进路：观察选路过程、进路锁闭过程（光带、按钮显示），验证进路锁闭后能否成功办理 S1 至 D7 的敌对进路；转换进路内道岔

9/11 至反位，验证该命令是否能够执行。将道岔 9/11 分别单锁在定位和反位，验证 D5 至 D7 的进路能否成功办理。将道岔 9/11 分别封闭在定位和反位，验证 D5 至 D7 的进路能否成功办理。设置 7DG 故障占用，办理该调车进路，验证 D5 至 D7 的进路是否能够成功办理，其解释原因。在 7/9WG 上设置车辆（或故障）占用，验证该进路能否成功办理，并解释原因。道岔单锁在定反位后排列进路如图 3-7 所示。

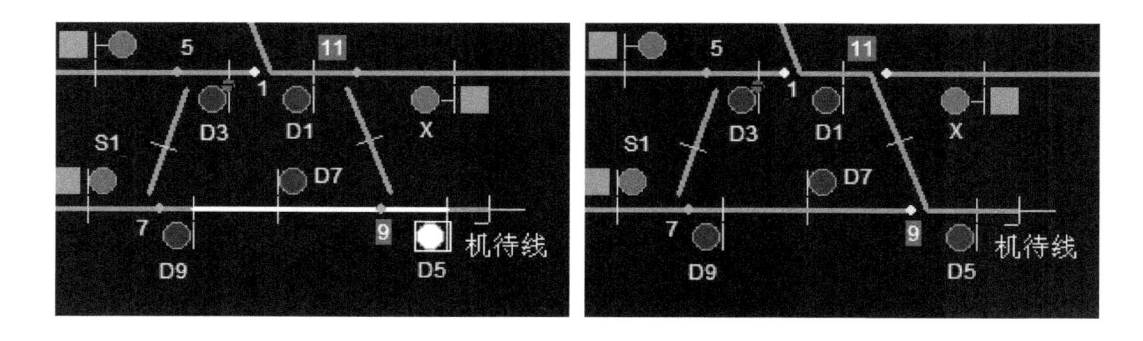

图 3-7 道岔单锁在定反位后排列进路

步骤三：办理 D5 至 1G 的长调车进路。

在 1G 上设置列车占用，一次办理 D5 至 1G 的调车进路，验证其是否能够成功办理，如图 3-8 所示。

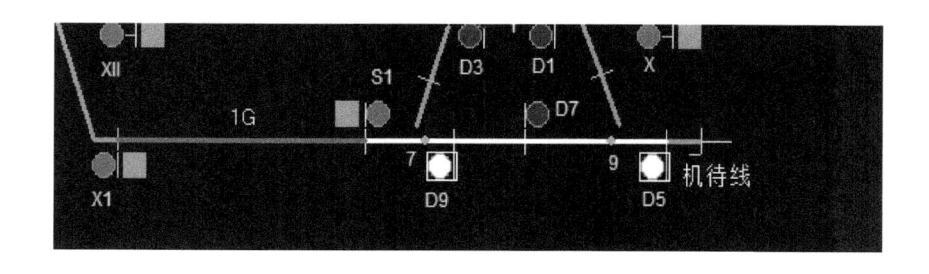

图 3-8 1G 有车时 D5 至 1G 的长调车进路办理

在 7/9WG 上设置列车占用，一次办理 D5 至 1G 的调车进路，验证是否能够成功办理；分两条短进路（D9 至 1G 和 D5 至 D9）办理，验证是否能够成功办理，如图 3-9 所示。

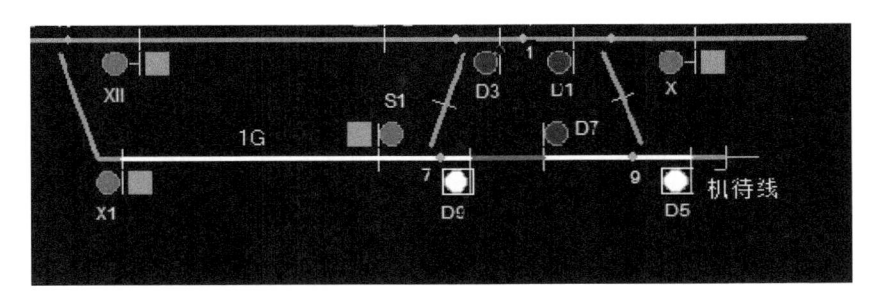

图 3-9　在 7/9WG 上设置列车占用时 D5 至 1G 的调车进路办理

步骤四：办理 S1 经道岔 5/7 反位至 D5 的调车变通进路。

办理 S1 经道岔 5/7 反位至 D5 的调车变通进路后，设置道岔 5/7 失去表示，观察信号变化情况，办理重复开放信号手续，验证是否能够成功办理，如图 3-10 所示。

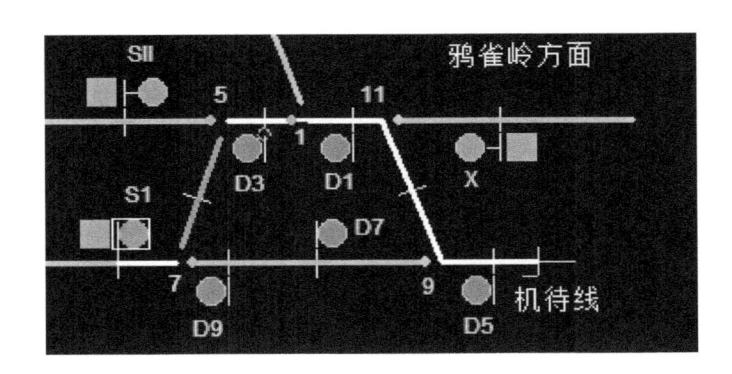

图 3-10　道岔失去表示后进路情况

步骤五：办理 X 至 IIG 的接车进路。

设置 1DG 故障占用，办理该接车进路，验证是否能够成功办理。

设置 IIG 占用，办理该接车进路，验证是否能够成功办理，并解释原因。

建立 X 至 IIG 的接车进路后，办理 D12 至 IIG 的调车进路，验证是否能够成功办理，并解释原因。

建立 X 至 IIG 的接车进路后，办理 SL 至 IIG 的接车进路，验证是否能够成功办理，并解释原因。

办理 X 至 IIG 的进路后，设置 5DG 故障占用，观察信号机变化情况，办理重复开放信号手续，验证是否能够成功办理；设置 5DG 空闲，观察信号机是否发生变化，办理重复开放信号手续，验证是否能够成功办理。

步骤六：办理 X 至 4G 的接车进路。

设置 5DG 故障占用，办理接车进路，验证是否能够成功办理，并解释原因，如图 3-11 所示。

设置 5DG 出清，办理接车进路，验证是否能够成功办理。

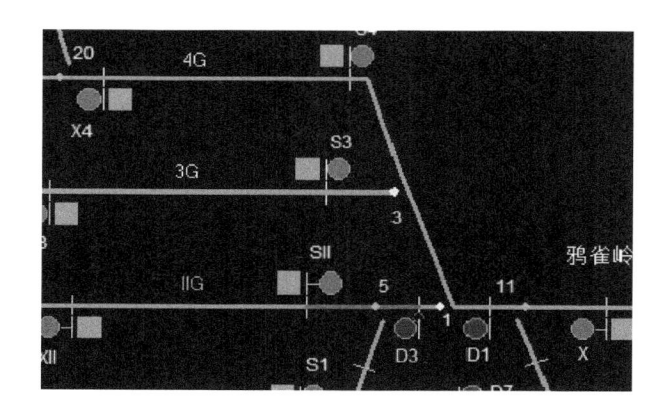

图 3-11　5DG 故障占用时接车进路不能办理

步骤七：办理 X 至 3G 的引导进路。

办理 X 至 3G 的引导进路后，建立 D2 至 3G 的长调车进路，验证长调车进路是否能够成功办理，并解释原因，如图 3-12 所示。

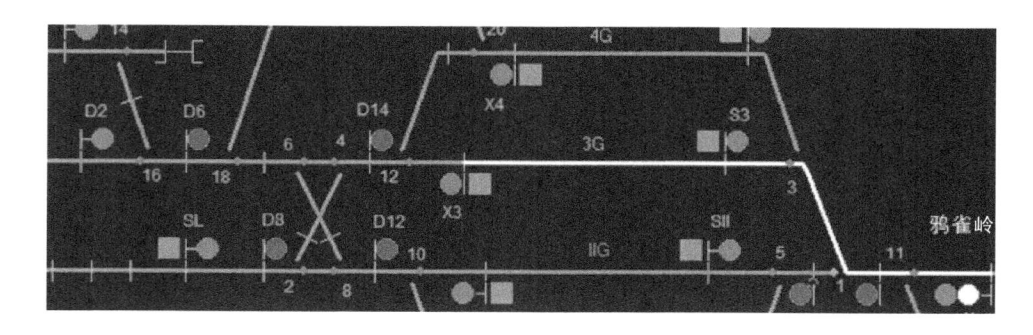

图 3-12　引导进路与调车进路不能同时办理

步骤八：办理 X 至 ⅡG 的引导总锁闭。

办理 X 至 ⅡG 的引导总锁闭后，建立 D12 至 ⅡG 的调车进路，验证调车进路是否能够成功办理，并解释原因，如图 3-13 所示。

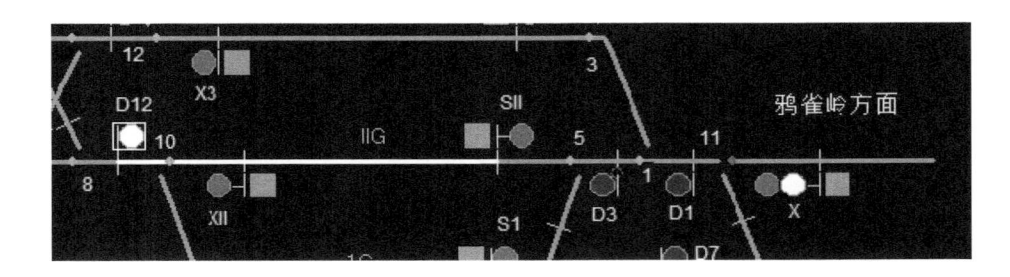

图 3-13　引导总锁闭后 D12 至 ⅡG 的调车进路建立

步骤九：建立调车牵出和折返进路。

将 3G 上的机车经 D14 折返至 4G，建立牵出进路和折返进路，人工走车，观察进路中各区段的解锁情况；将 1G 上的机车经 D5 折返至 4G，建立牵出进路和折返进路，如图 3-14 和图 3-15 所示。

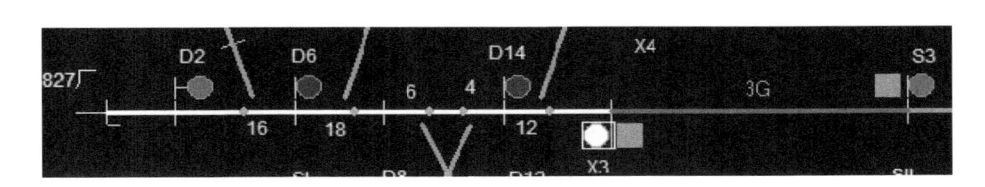

图 3-14　建立牵出进路

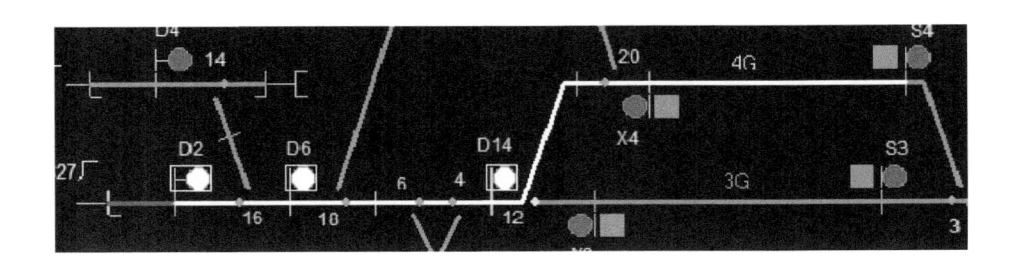

图 3-15　建立折返进路

步骤十：自由实验，熟悉计算机联锁仿真实验系统的使用。

道岔单独操纵 3 次；

建立调车基本进路 3 条；

建立长调车进路 3 条，随机插入各种故障，观察故障对进路的影响；

建立接车进路 3 条，随机插入各种故障，观察故障对进路的影响；

建立发车进路 3 条；

建立引导进路 1 条；

建立引导总锁闭 1 次。

2．课内外问题

（1）当 9DG 出现故障占用时，D5 至 D7 的调车进路能否建立？从 6502 电路角度进行解释。

（2）建立 D5 至 D9 进路后，S1 至 D7 的进路能否建立？从 6502 电路角度进行解释。

（3）在 7/9WG 出现故障占用后，D5 至 1G 的进路是否能够建立？从 6502 电路角度进行解释。

3.4　实验 3-2：进路解锁仿真实验

3.4.1　实验目的

1．了解取消进路和人工解锁的方式和过程。

2．通过办理进路的各种解锁，掌握取消进路和人工解锁的工作原理和工作时序。

3.4.2 实验设备

计算机联锁仿真实验系统。

3.4.3 实验内容

1. 实验操作

步骤一：取消长调车进路。

办理 D5 至 IIG 的长调车进路，验证各进路取消过程的执行情况，如图 3-16 所示。

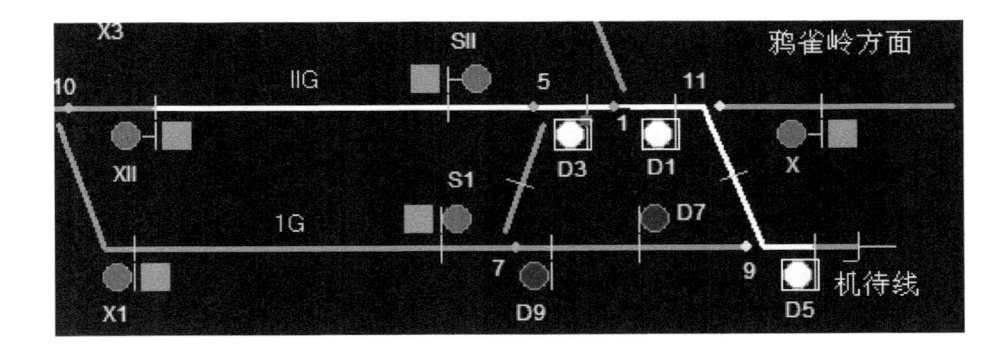

图 3-16 办理 D5 至 IIG 的长调车进路

步骤二：人工解锁长调车进路。

办理 D5 至 IIG 的长调车进路，验证在 D5 外方机待线上有车时人工解锁长调车进路的执行情况，如图 3-17 所示。

步骤三：取消正线接车进路。

办理 X 至 IIG 的接车进路，验证在 XJG 上有车和无车两种情况下，取消正线接车进路时在解锁时间方面有何差别，如图 3-18 和图 3-19 所示。

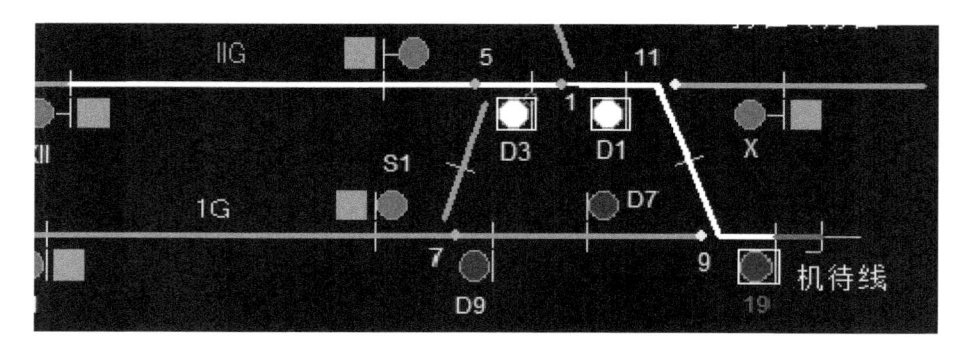

图 3-17 解锁长调车进路延时

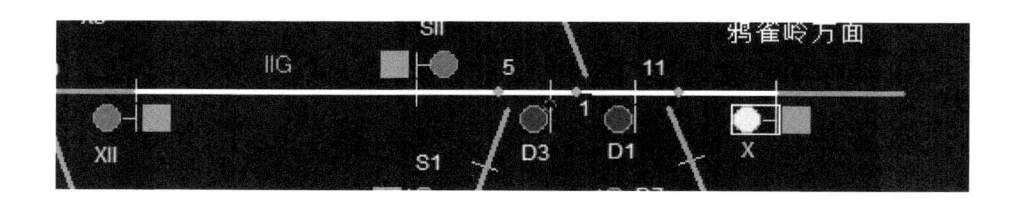

图 3-18 在 XJG 上无车时进路取消

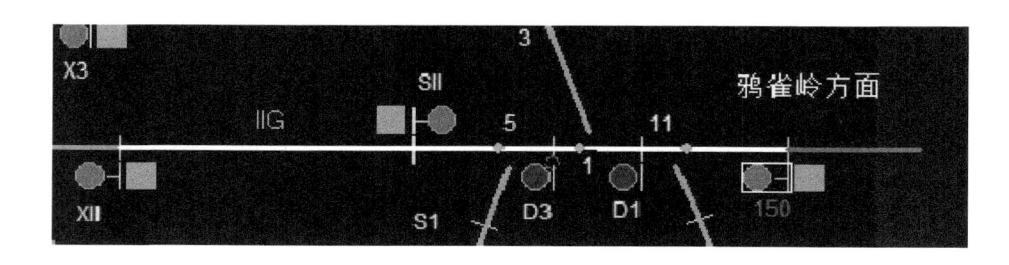

图 3-19 在 XJG 上有车时正线解锁进路延时

步骤四：取消侧线接车进路。

办理 X 至 1G 的接车进路，验证在 XJG 上有车和无车两种情况下，取消侧线接车进路时在解锁时间方面有何差别。在 XJG 上有车时侧线解锁进路延时如图 3-20 所示。

步骤五：取消正线发车进路。

办理 SII 至 X 的发车进路，验证在 IIG 上有车和无车两种情况下，取消正线发车进路时在解锁时间方面有何差别。在 IIG 上有车时解锁进路延时如图 3-21 所示。

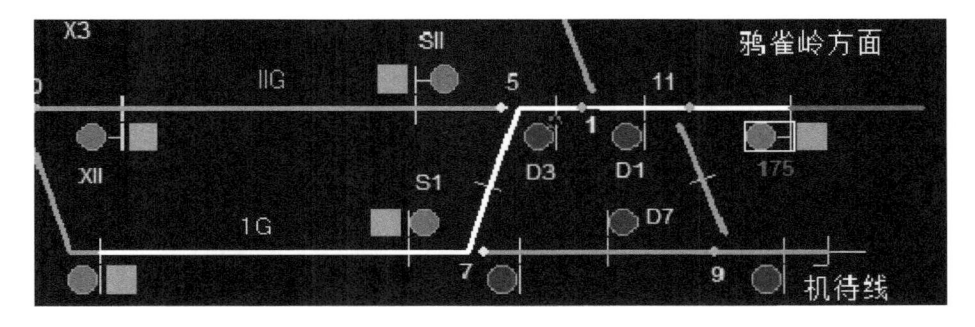

图 3-20　在 XJG 上有车时侧线解锁进路延时

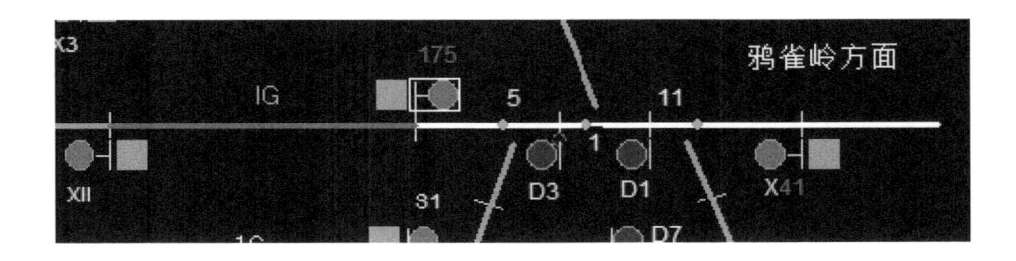

图 3-21　在 IIG 上有车时解锁进路延时

步骤六：取消侧线发车进路。

办理 S4 至 X 的发车进路，验证在 4G 上有车和无车两种情况下，取消侧线发车进路时在解锁时间方面有何差别。在 4G 上有车时解锁进路延时如图 3-22 所示。

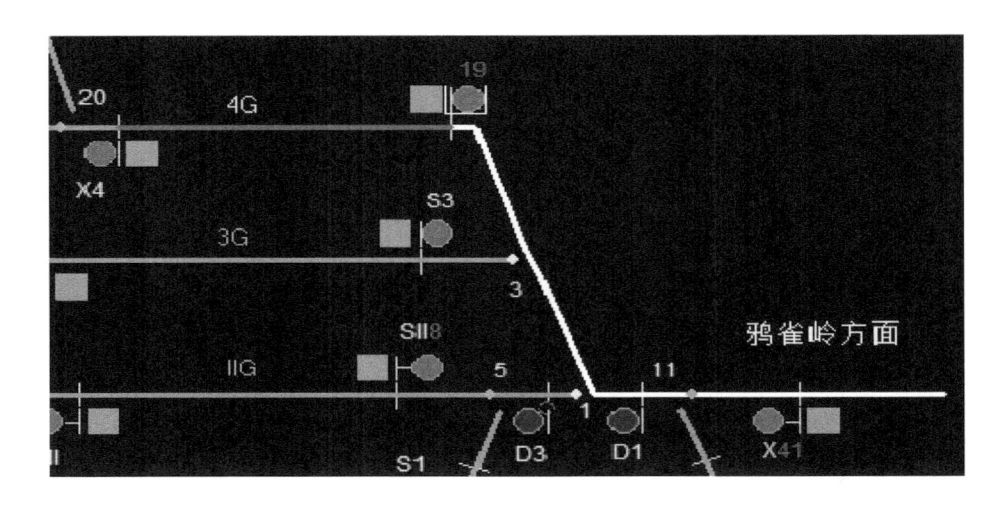

图 3-22　在 4G 上有车时解锁进路延时

步骤七：区段故障解锁接车进路。

建立 X 至 IIG 的接车进路后，对 1-3DG 办理区段故障解锁，验证进路是否能解锁、信号 X 是否关闭。

步骤八：区段故障解锁调车进路。

建立 X3 至 D2 的调车进路后，对 18DG 办理区段故障解锁，验证进路是否能解锁、信号 X3 是否关闭。

步骤九：解锁引导进路。

根据联锁技术条件，建立以 X 为始端的引导进路，办理该引导进路解锁手续。

步骤十：解锁引导总锁闭。

根据联锁技术条件，办理下行咽喉的引导总锁闭手续，并办理引导总锁闭解锁手续。

2．课内外问题

（1）在 XJG 上有车辆停留，并且取消 X 至 IIG 的进路时，X 信号关闭后进路是否立即解锁？若不立即解锁，那么隔多长时间后解锁？

（2）在 IIG 上有车辆停留，并且取消 XII 至 SL 的进路时，XII 信号关闭后进路是否立即解锁？若不立即解锁，那么隔多长时间后解锁？

（3）在 IIG 上有车辆停留，并且取消 XII 至 D2 的进路时，XII 信号关闭后进路是否立即解锁？若不立即解锁，那么隔多长时间后解锁？

3.5 实验 3-3：进路行车仿真实验

3.5.1 实验目的

1．了解进路的各种正常解锁方式与特点。

2．通过办理进路的各种解锁，掌握各种进路解锁过程的工作原理和工作时序。

3.5.2 实验设备

计算机联锁仿真实验系统。

3.5.3 实验内容

1．实验操作

步骤一：长调车进路自动走车情况。

办理 D12 至 ⅡG 的长调车进路，通过模拟行车验证进路中各信号关闭时机和进路内各区段分段解锁执行情况，如图 3-23 所示。

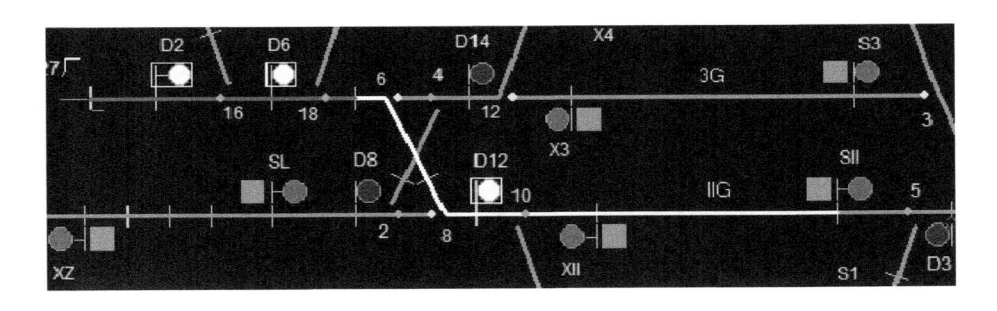

图 3-23 D12 至 ⅡG 的长调车进路自动走车

步骤二：进路预留车辆人工走车情况。

办理 X3 至 D2 的长调车进路后，人工走车，验证在 3G 上预留车辆（3G 一直被车占用不出清）和不预留车辆（3G 被车占用后要出清）两种情况下，X3 信号关闭时机的差异，如图 3-24 所示。

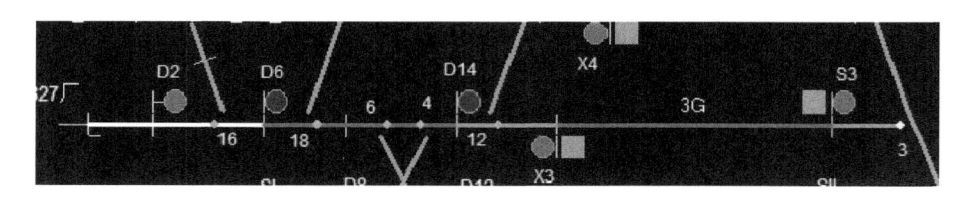

图 3-24 3G 预留车辆人工走车

步骤三：调车进路人工走车情况。

办理 S1 至 D7 的调车进路后，人工走车，验证在 1G 上预留车辆时，信号 S1 关闭时机和进路解锁情况，如图 3-25 所示。

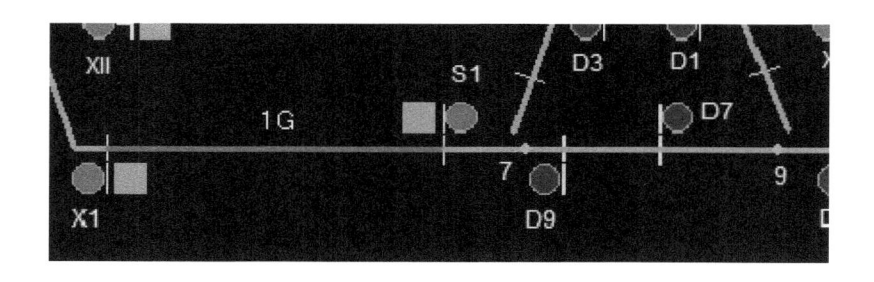

图 3-25 在 1G 上预留车辆走车

步骤四：列车进路走车情况。

办理 X 至 1G 的列车进路后，通过自动走车方式验证 X 信号关闭时机和进路内各区段分段解锁执行情况；与 D2 至 IIG 进路中信号关闭时机进行比较，比较两种情况下信号关闭时机有何差别，如图 3-26 和图 3-27 所示。

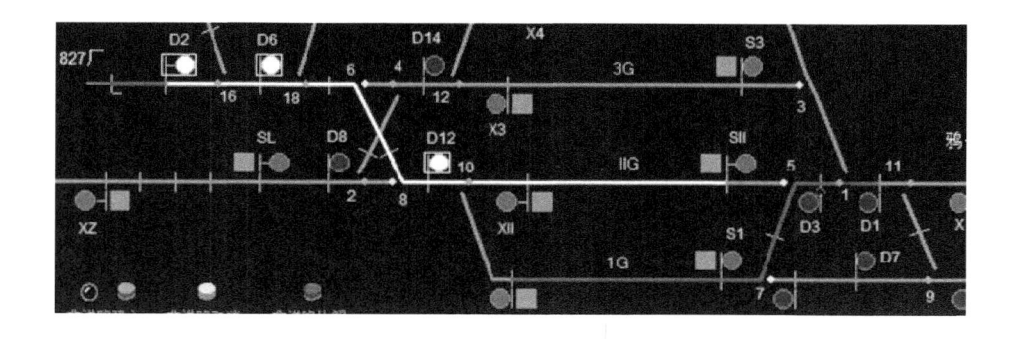

图 3-26 X 至 1G 的列车进路自动走车

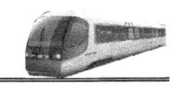

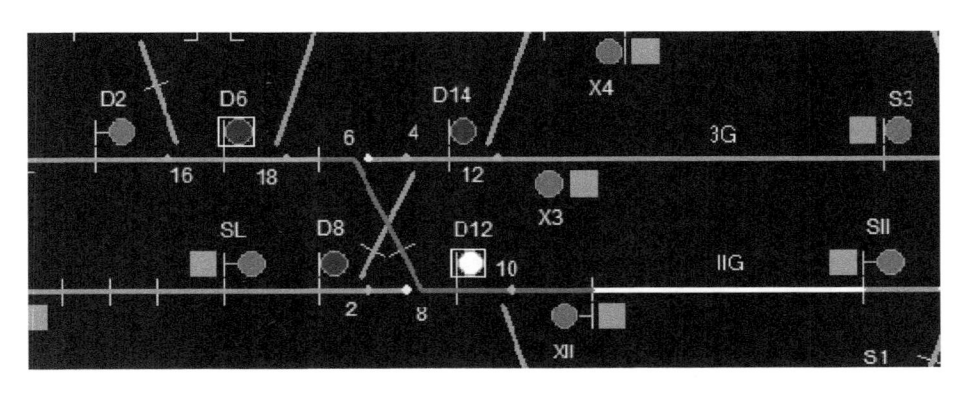

图 3-27　D2 至 IIG 的列车进路自动走车

步骤五：调车进路故障走车情况。

办理 D1 至 4G 的调车进路后，人工模拟列车占用 11DG、1DG～3DG，设置 5DG 故障，再模拟列车占用 4G，然后依次出清 11DG、1DG～3DG，验证进路解锁情况，如图 3-28 所示。

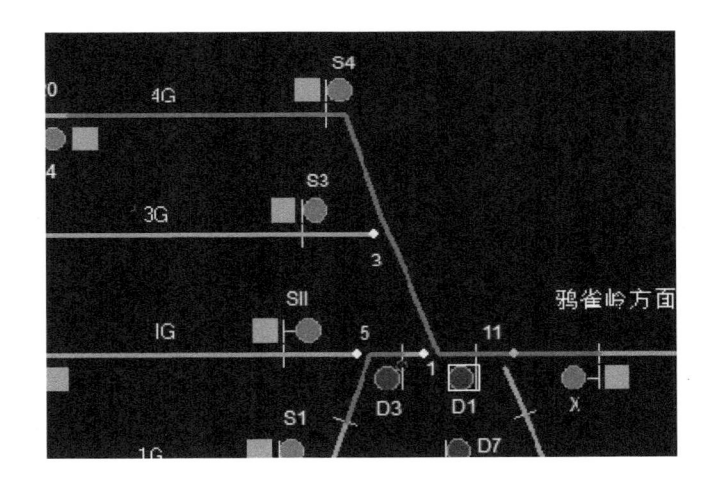

图 3-28　D1 至 4G 的调车进路人工走车（5DG 故障）

步骤六：折返进路走车情况。

办理 X4 至 D2 的调车进路后，人工模拟列车分别占用 4G、20DG、12DG、4DG～6DG、18DG，然后依次出清 20DG、12DG，观察 X4 信号关闭时机和进路内区段解锁情况；再办理 D14 至 3G 的折返进路，人工走车，观察折返进路解锁情况，如图 3-29 所示。

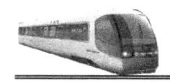

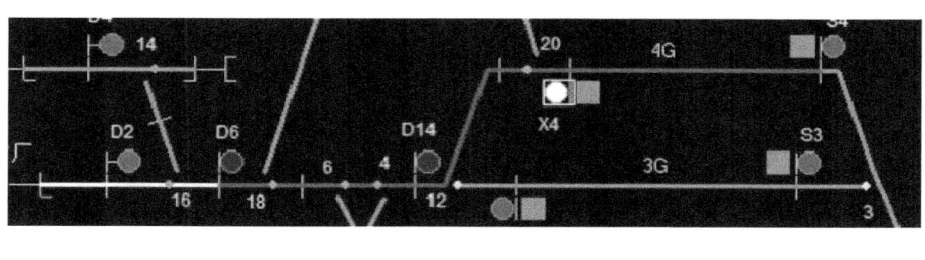

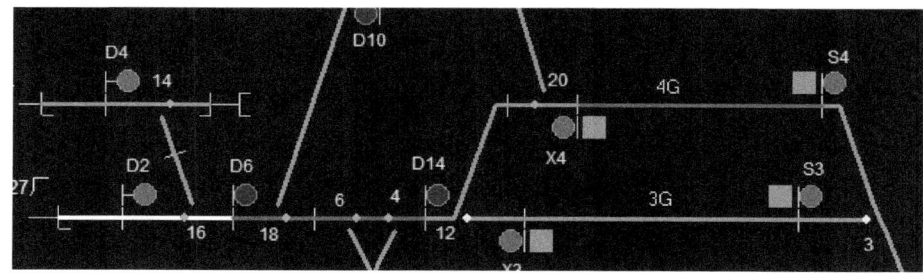

图 3-29 折返进路走车情况

步骤七：引导进路走车情况。

设置 1DG～3DG 故障占用，办理 X 至 1G 的引导进路（提前将进路上各道岔位置单操至进路位置）后，通过人工方式模拟列车进站（在 1DG 上的红光带不要取消），观察信号关闭时机，并对进路进行解锁，如图 3-30 所示。

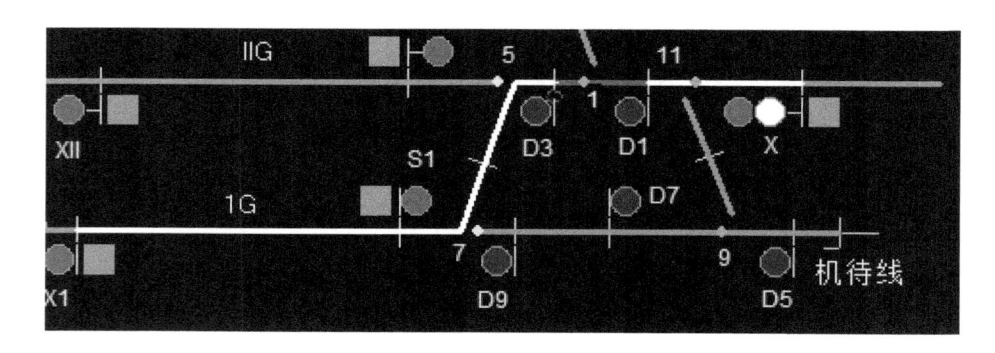

图 3-30 引导进路走车情况

步骤八：引导总锁闭走车情况。

设置道岔 1 失去表示，办理 X 至 4G 引导总锁闭（提前将进路上各道岔位置单操至进路位置）后，通过人工走车方式模拟列车进站，观察信号 X 关闭时机，并对进路进行解锁，如图 3-31 所示。

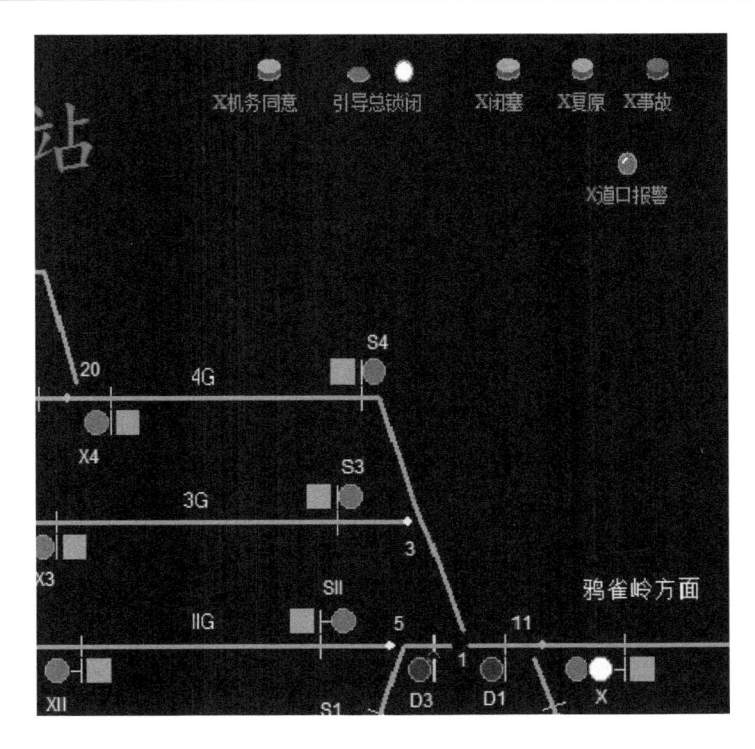

图 3-31　引导总锁闭走车情况

步骤九：区段故障解锁下人工走车。

办理 X 至 IIG 的列车进路后，人工模拟列车先后占用 XJG、11DG，然后对 5DG 办理区段故障解锁，验证区段故障解锁是否能执行，人工模拟列车继续依次前行、依次出清，验证其对进路正常解锁是否有影响。

步骤十：自由实验。

建立 2 条长调车进路，模拟走车，验证正常解锁过程；

建立 2 条接车进路，模拟走车，验证正常解锁过程；

建立 2 条发车进路，模拟走车，验证正常解锁过程；

建立 2 条调车中途折返进路，模拟走车，验证正常解锁过程；

建立 2 条引导进路，模拟走车，验证正常解锁过程；

建立 1 次引导总锁闭，模拟行车，验证引导总锁闭情况下的走车和解锁过程。

2. 课内外问题

（1）实验操作步骤三中，信号关闭时机和进路解锁过程有何不同？（从6502电路角度解释不同的原因。）

（2）实验操作步骤五中，5DG故障对进路解锁是否有影响？（从6502电路角度解释原因。）

第 4 章

高铁列车调度系统仿真实验

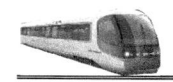

高铁列车调度系统仿真实验主要针对高铁列车的调度指挥技术开展实验教学，培养学生对高铁列车调度系统灵活应用的实践能力。本章包括 2 个实验，涉及分散自律调度集中系统的控制模式及进路方式、车站操作控制等。

4.1 实验原理

4.1.1 分散自律调度集中概述

分散自律调度集中（Centralized Traffic Control，CTC）主要对某一调度区段的信号设备进行集中控制，并对列车进行直接指挥和管理。

分散自律调度集中系统是符合我国路情的高度自动化调度指挥系统，采用分散自律设计原则和分散自律控制模式，以列车运行调整计划为中心，实现列车与调车作业的统一控制。分散是相对控制中心集中控制而言的，将由控制中心集中控制所有车站列车作业的方式改为由各个车站设备独立控制各站的列车和调车作业；自律是依据各站的特点，自动协调列车与调车作业的矛盾，在车站设立自律机自动控制列车进路和调车进路。分散自律调度集中系统的基本原则是列车作业优于调车作业，调车作业不得干扰列车作业。

4.1.2 分散自律调度集中系统的结构

分散自律调度集中系统由调度中心子系统、车站子系统两级构成。调度中心通过交换机将中心各种设备连接成一个局域网，各站交换机将车站设备连接成一个局域网；中心局域网和各车站局域网通过通信网络连接形成广域网。因此分散自律调度集中系统实际由调度中心、车站、通信网络 3 个子系统构成，如图 4-1 所示。

1. 调度中心子系统

调度中心子系统由调度中心服务和调度中心应用两部分组成。

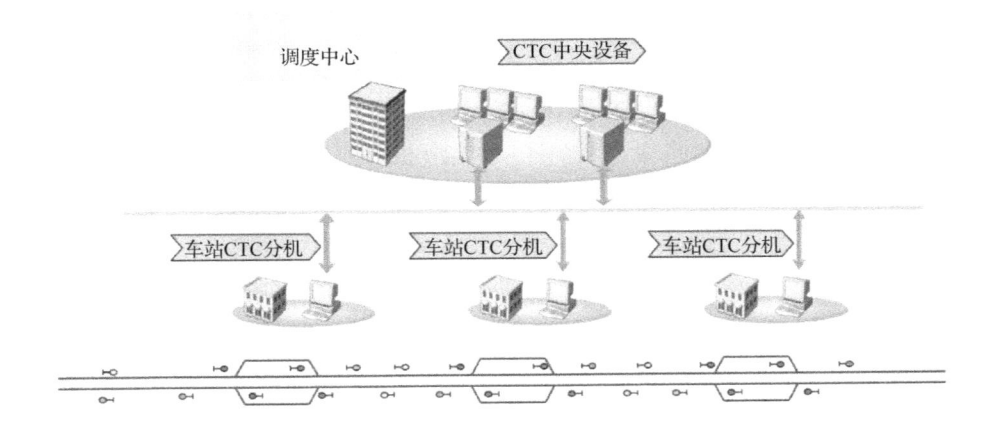

图 4-1　分散自律调度集中系统结构示意图

（1）调度中心服务部分

① 数据库服务器：一般由 2 台高性能的服务器和磁盘阵列构成。所有数据写在共享磁盘阵列中，依据磁盘阵列实现双机之间切换并保证数据的完整性和统一性。

② 应用服务器：一般由 2 台双机热备高性能的服务器构成。它们是后台服务系统的核心；负责整个系统的数据收发、数据处理以及数据存储等工作；完成运行图的自动调整，向 CTC 所有工作站提供行车表示信息、列车编组信息、车次号跟踪信息、列车报点信息等。

③ 通信前置服务器：一般由 2 台双机热备的通信前置服务器构成，主、备机通过广域网与车站基层子系统相连，主要负责中心系统与基层子系统的数据交换。根据管辖车站的数量，一个分散自律调度集中系统配备一套或多套通信前置服务器，与调度中心其他设备双网互联。

④ CTC/TDCS 接口服务器：主要负责数据交换，包括铁路局内 CTC 调度区段信息传送至国铁集团及相邻铁路局、CTC 与铁路运输管理信息系统（TMIS）交换、CTC 与 TDCS 相邻区段通过相邻调度台或邻局调度台之间进行信息交换。

⑤ GSM-R 通信接口服务器：主要负责 CTC 通过 GSM-R 系统与机车交换数据的功能。

⑥ 系统维护工作站：负责系统设置、调试和技术支持，并在授权情况下负责

远程维护与技术支持功能。同时，它具有监视系统运行状况的功能，对系统、现场设备运用情况、操作命令及报警信息进行记录、回放、输出和打印。

⑦ 网管工作站：负责监督系统中心局域网和广域网运行状况，以图形方式显示网络拓扑图和广域网通道状态。当所监控的网络设备发生故障时，发出语音或文字报警。

⑧ 电源系统和防雷设备：电源系统采用集中供电方式，由防雷屏、转换屏、稳压屏、双 UPS 等组成。防雷设备包括电源防雷和通信线路防雷。

⑨ GPS 授时设备：负责提供准确的时钟同步信息。

（2）调度中心应用部分

调度中心应用部分主要提供铁路局调度中心各相关工种的操作界面和培训功能，主要设备包括列车调度员工作站、助理调度/操作员合一工作站、综合维修调度工作站、值班主任工作站、计划员工作站、培训台站、$N+1$ 备份台、打印机与绘图仪等。

① 列车调度员工作站：也被称为行调台，主要负责监控管辖区段范围内列车运行位置、指挥列车运行等，如调整和下达列车阶段计划、维护实迹运行图、下达调度命令，以及与相邻区段列车调度员交换信息等。

② 助理调度/操作员合一工作站：主要负责调度中心人工进路操作控制、闭塞办理、非正常处理等，无人车站的调车作业计划的编制、调整和指挥，以及在自律约束条件下调车进路的人工办理等。助理调度员对调车进路的干预有两种方式：对车站自律机中的调车进路序列进行操作，如直接修改进路内容或人工触发（或抑制）序列中的调车进路；通过按钮方式直接办理或取消调车进路。

③ 综合维修调度工作站：主要负责设备日常维护、天窗修、施工，以及故障处理方面的登/销记手续办理等，临时限速设置、区间和股道封锁，以及维修调度命令的编制、下达、审批等。

④ 值班主任工作站：供值班主任掌握线路实际运营情况，并组织生产和运输指挥。

⑤ 计划员工作站：主要负责查询相关行调台的列车运行图、显示相关调度

区段的（调度监督）信息和列车运行位置、查询相关车站的站存车信息和辅助完成车流推算等。

⑥ 培训台站：主要为调度所各级行车指挥人员提供岗位技术培训。

⑦ $N+1$ 备份台：每个调度区段配备一台 $N+1$ 备份设备。当调度员台、助理调度/操作台、综合维修台中任何一台设备发生故障时，通过修改 $N+1$ 台配置文件，即可替代故障设备进行工作，从而提高系统的可靠性。

⑧ 打印机与绘图仪：作为共享设备绘制各工种的实迹运行图和其他报表。

2．车站子系统

车站子系统结构示意图如图 4-2 所示，主要负责进路选排、冲突检测、控制输出等，包括车站运转室设备和车站机械室设备。

（1）车站运转室设备

① 车站值班员工作站：采用双机热备模式，主要功能如下。

○ 用户登录和权限管理。

○ 日计划、班计划、车站调车计划、阶段计划、调度命令的调阅与签收。

○ 本站和相邻车站的站场显示，区间的运行状态显示。

○ 本站车次号的输入、修改、确认。

○ 行车日志的自动记录、存储、打印。

○ 列车编组和站存车的输入、上报。

○ 调车计划的编制和打印。

○ 监视和控制本站自律机的计划执行和进路办理。

○ 本站非正常情况的报警。

② 车站信号员工作站：车站信号员工作站一般设置在较大的车站，小站通常与车站值班员工作站合并，主要功能如下。

○ 用户登录和权限管理。

○ 本站和相邻车站的站场显示，区间的运行状态显示。

○ 调车作业单的查询。

○ 进路控制、道岔控制、人工解锁、设备封锁等按钮直接控制。

③ 车站站调工作站：提供本站和相关车站的站场显示和车次显示、调阅相关车站的行车日志、编写调车作业通知单并发送给车场值班员等功能。

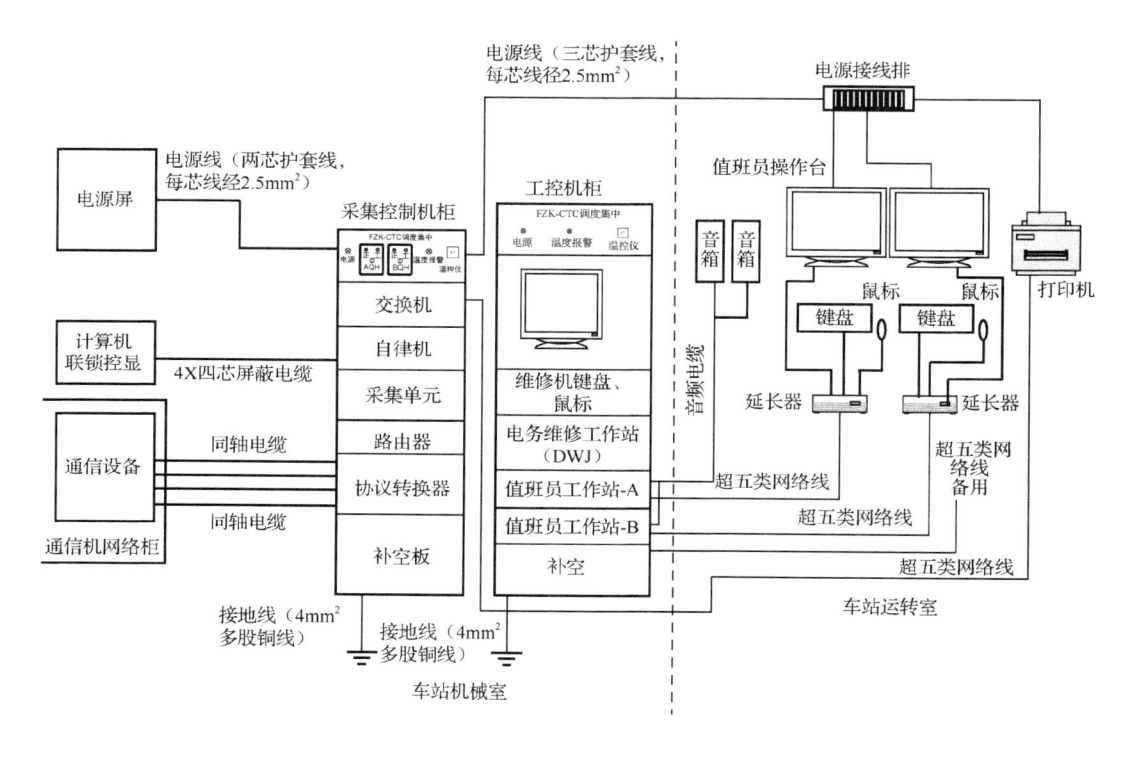

图 4-2 车站子系统结构示意图

（2）车站机械室设备

车站机械室设备主要由调度集中自律机、电源设备与防雷设备、电务维护终端及综合维护终端（应用于无人站）等构成。

① 调度集中自律机：该设备为分散自律调度集中系统的车站核心设备，对于可靠性、数据处理能力等方面有严格要求，主要功能如下。

○ 接收调度中心的列车运行计划,适时生成进路序列;根据计划指示、列车位置等条件自动触发驱动联锁系统执行。

○ 接收调车作业计划,适时生成进路序列;根据调车组的无线申请和列车位置自动触发驱动联锁系统执行。

○ 接收调度中心和车站值班员的进路序列操作指令,对已形成的待执行的进路序列进行修改。

○ 接收调度中心和车站值班员的直接控制操作指令(按钮命令),经与列车计划以及联锁关系检查后,确认无冲突后驱动联锁系统执行。

○ 对信号设备的表示信息进行分析,跟踪进路的状态,确认进路的完整性和信号的正确性,并对不正常情况进行处理和报警。

○ 车次跟踪、无线车次校核、人工车次确认处理。

○ 与相邻车站自律机交换站场实时信息、车次号信息、列车的计划和实际到发信息;并可自动调整本站的车次号以及到发情况预计。

○ 接收调度中心下发的调度命令、路票、行车凭证等,并通过无线接口适时转送给机车司机,随后转发司机的签收信息。

○ 接收车站值班员下发的路票、行车凭证等,并通过无线接口适时转送给机车司机,随后转发司机的签收信息。

② 电务维护终端:主要负责监视车站子系统的运行状况,对所有操作控制命令、设备运用情况、故障报警信息和车站网络运行状态等进行分类存储、查询和打印。

③ 综合维修终端:主要负责无人车站电务、工务、电力、桥隧等部门施工、维修和抢险时现场人员和调度中心的联系,以及设备日常维护、天窗修、施工以及故障处理方面的登、销记手续办理等。

④ 电源设备与防雷设备:车站子系统配置 2 套热备的在线式 UPS,当 2 套 UPS 均发生故障时切换为旁路直供并发出报警及指示。车站子系统设置电源防雷器和通信线路防雷器。

4.1.3　分散自律调度集中系统的基本原理

1. 基本原理

分散自律调度集中系统的突出特点是将 PRC 功能（程序化进路控制功能）下放至各车站设备来实现。调度中心根据运输实际情况编制列车运行调整计划，并适时地将调整计划下达给各个车站的自律机；车站自律机根据列车运行调整计划自动生成列车进路操作指令，并根据车次号追踪结果适时将进路操作命令传送给联锁系统执行，以此实现车站作业和远程调度指挥。

车站还能接收车站调车作业计划（有人站）和调度中心调车作业计划（无人站），在不影响列车的前提下自动生成调车进路操作命令并下达给联锁系统执行，以实现调车作业和列车作业协调进行。

各车站自律机的自律控制模块是分散自律功能的核心模块，它根据各列车的实际运行情况，将调度员下达的列车运行调整计划转化为控制车站联锁系统的命令，从而实现运输指挥的高效、智能控制。分散自律控制模式下的列车进路控制虽交由计算机办理，但同时具有一定的灵活性：无论是紧急情况下为了保证安全，还是维修作业上的需要，允许按钮控制方式且优先于自动控制方式。

2. 控制模式

分散自律调度集中系统包括两种控制模式：分散自律控制模式和非常站控模式。

（1）分散自律控制模式

调度中心将列车运行调整计划下达给所辖各站自律机。无人站的自律机接收调度中心下达的调车作业计划，有人站的自律机接收车站车务终端输入的调车作业计划。自律机根据车站的具体情况，在保证列车计划不受影响、调车作业受到列车计划约束的条件下，自主地将列车计划和调车作业信息变换成列车进路指令和调车进路指令，并协调地、实时地传送到联锁系统予以执行。

分散自律控制模式下分散自律调度集中设备上输入的命令有效，而联锁操表机上的操作无效；联锁命令无法输入，此时只有一个"非常站控"按钮是有效的。分散自律调度集中命令入口有 3 个：助调工作站、车务终端、车站自律机，前两个是人工输入的命令，第三个是根据计划自动生成的命令。3 个命令经自律机下达至联锁系统执行。

（2）非常站控模式

在正常情况下，车站联锁系统处于分散自律模式。在非常情况下，分散自律调度集中系统的控制模式转为联锁操表机操作按钮办理进路的控制方式，即非常站控模式。此时，联锁系统将不接收分散自律调度集中设备输入的命令。

（3）模式转换

分散自律控制模式转为非常站控模式是无条件的。例如在某种故障（如自律机失效）下，利用设置在联锁操表机上的"非常站控"按钮可将 CTC 无条件地从分散自律控制模式转为非常站控模式。

在非常站控模式下，满足一定条件时通过再次按压"非常站控"按钮，可以将控制权由联锁操表机转至 CTC 的分散自律模式。通常，由非常站控转入 CTC 分散自律控制的条件包括分散自律调度集中设备正常、非常站控模式下没有未完成的按钮操作。

3．列车进路指令

（1）指令的生成

自动排列进路的前提是进路指令的生成，即通过解析列车运行调整计划和查找联锁进路表，生成包含始终端按钮等信息的进路序列。自律机自动生成列车进路指令，提供的列车运行调整计划必须包括车次号、站名和出入口号、股道号、列车的到发时刻、始发和终止标志，以及运行径路信息、连接关系、列车属性等。

自律机根据列车运行调整计划，综合考虑列车性质和等级、超限级别、列车长度、机车类型、股道用途、股道有效长、道岔弯股进路的最大允许速度等因素，自动生成每一趟车的列车进路指令。所有按列车运行调整计划生成的列车进路指令保存在自律机存储器中等待执行时机；时机一到，经过自律检查通过后，指令转变为命令下达给联锁系统执行。

(2)指令的修改

① 股道的修改。依据列车运行调整计划自动生成的进路指令序列，允许人工编辑修改股道。接车进路中股道和终端按钮是相互关联的，股道一经修改，进路的终端按钮会随着自动修改。

② "自触"标记的修改。为了保证控制的灵活性，针对每一条指令设置一个"自触"开关。开关默认为"开"，此时表示该指令为自动触发状态，即触发时机一到，自律机经过自律检查后就向联锁系统下达控制命令。当开关为"关"时，表示该指令为人工触发状态，即使规定的触发时机已到，自律机也不会自动触发进路，必须人工触发进路。

③ 修改权。在分散自律中心控制模式下，指令的修改权归属调度中心的助调工作站，由助理调度员负责确认修改，车站没有修改权。在分散自律车站控制模式下，修改权归属车站，由车站值班员负责确认修改，调度中心没有修改权。

4．自动触发命令时机

自动触发命令时机由自律机确定，包含接车进路、发车进路和通过进路的自动触发时机，即接车、发车及通过进路命令发给联锁系统执行的时机。

(1) 接车进路的触发时机

接车命令的触发时机分为按时间和按空间两种。按时间触发接车命令根据列车运行调整计划的计划到达时间提前若干时间作为接车命令的发送时机；按空间触发接车命令根据列车实际到达触发位置时办理接车进路。到了预定的触发时机，如果由于某些条件导致进路没有办理成功，则系统自动报警并在条件满足或延时一定时间后自动重复办理，直到成功办理为止。

(2) 发车进路的触发时机

到发列车或始发列车的发车命令触发时机由时间确定。始发列车根据列车运行调整计划的出发时间，提前若干时间作为发车命令的发送时机。对于到发的货物列车的发车，则以接车进路的排列作为发车命令的必要条件，只有接车进路已经排列完成，发车进路才有可能排列。一般有两种处理方法，一种是在列车停稳后且要停够计划规定的站停时间，自律机才自动触发发车进路；另一种是在列车停稳后，只要该列车与前行列车之间满足追踪间隔，就自动触发发车进路。对于到发的旅客列车的发车，在不早于图定时间的前提下应满足规定的发车间隔，按照列车调整计划的发车时间提前一段时间（如 3 分钟）办理。

（3）通过进路的触发时机

对于通过进路，若在排列接车进路的同时满足发车条件，则立即办理发车进路；若不满足，则等条件满足时立即办理。

5．列车进路控制方式

列车进路的控制方式主要有两种：自动控制方式和人工控制方式。无论哪种方式都要通过自律运算，并通过自律检查后的按钮命令才会向联锁系统输出。

（1）自动控制方式

自动控制方式即自动触发方式，进路按钮的操纵由计算机自行完成，自律机根据收到的列车运行调整计划自动产生列车进路控制命令。这种方式又称按图排路方式。

自律机将列车运行调整计划与列车实际位置信息相结合，依据调度中心下达的列车运行调整计划，按照有关行车规定，对列车进行跟踪。当列车到达进路控制位置时，通过合法性、时效性、完整性和无冲突性的检查后转化为命令，向联锁系统输出进路控制信息，控制相应的进路。当排列的进路因某种原因无法排出时，应向调度员报警，提醒调度员进行人工干预。

（2）人工控制方式

① 人工触发命令。列车进路命令还可在指令的基础上以人工触发方式排列进路：选中一条进路命令，利用"触发"菜单人为地请求自律机立即执行该命令。人工触发某条命令后，自律机依据列车运行调整计划以及有关行车规定对列车进路进行合法性、时效性、完整性和无冲突性的检查，然后决定是否向联锁系统输出。如果有冲突，则弹出对话框告警，询问是否强行办理；若无冲突，则直接下达至联锁系统进行进路办理。

② 人工办理列车进路。人工办理列车进路与联锁系统办理进路方法相同。自律机根据列车运行调整计划对输入车次号的对应计划进行合法性、时效性、完整性和无冲突性检查后向联锁系统下达进路办理命令。

4.2 实验系统介绍

列车调度仿真实验系统采用卡斯柯信号公司研制的 FZK-CTC 的分散自律调度集中系统。该系统已广泛应用于我国铁路干线，在提高运输组织工作效率、保证运输安全中发挥了重要的作用。

FZK-CTC 的分散自律调度集中系统包含 TDCS 系统所有功能，如列车运行监视、车次号自动跟踪、到发点自动采集、实际运行图自动生成、调度命令网络下达、车站行车日志自动生成等。在此基础上，进一步实现了车站信号设备的集中控制，以及列车进路的按图排路和调车控制。

FZK-CTC 分散自律调度集中系统如图 4-3 所示。站场控制界面如图 4-4 所示。运行统计报表界面如图 4-5 所示。

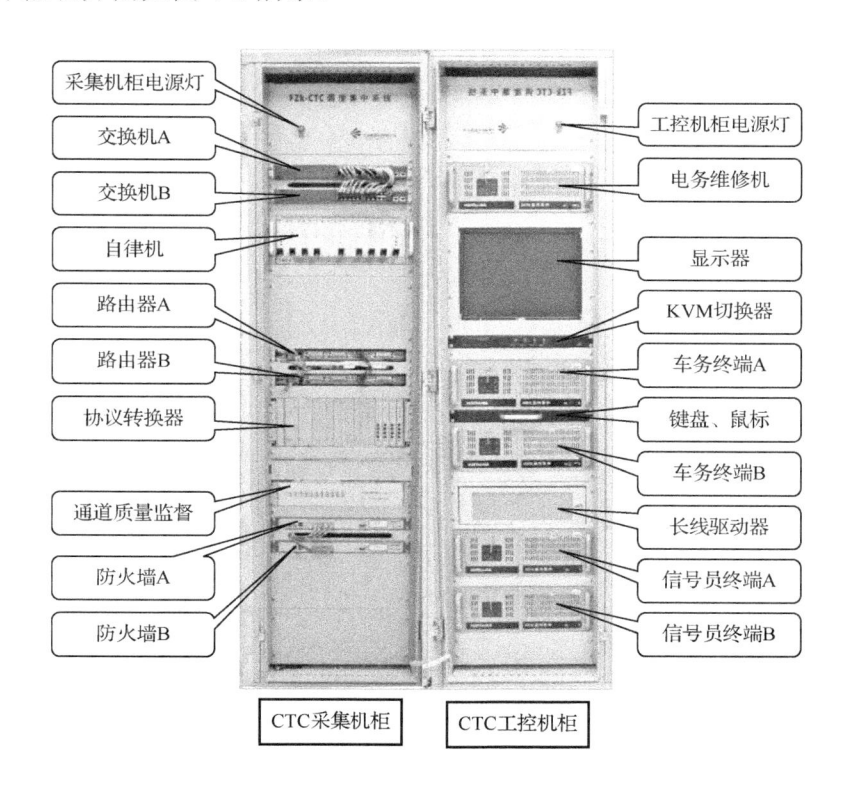

图 4-3 FZK-CTC 分散自律调度集中系统

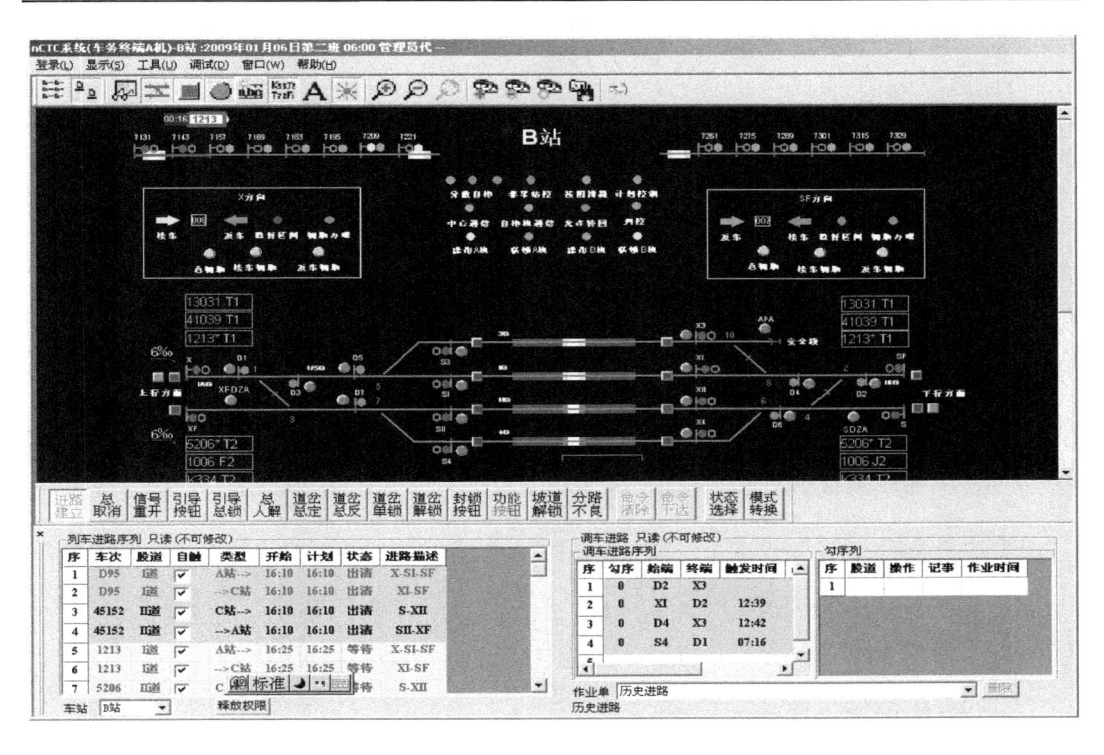

图 4-4 站场控制界面

图 4-5 运行统计报表界面

1. 基本概念

(1) 进路序列

系统根据最新的阶段计划自动生成车站下一步需要准备办理的进路列表，根据时间由近及远进行排序。进路序列中的每一条进路信息，包括车次号、接车或通过股道、是否自动触发、进路类型（接车、发车、通过）、计划到发时间、进路存在的6种状态（未触发、正在触发、已触发、已取消、占用、出清）、进路描述信息等。

(2) 自动触发进路

系统根据阶段计划信息、车次号信息、当前信号道岔设备状态、列车位置等一系列约束条件，在合适的接近区间或指定的提前时间量到达时自动按计划排列接发车进路。

(3) 人工触发进路

采用人工方式从现有的进路序列中选择一条进路并开始进行排路操作，不再等待自动触发时系统规定的触发时机。人工触发时依然需要根据现有阶段计划、车次号信息、当前信号道岔设备状态、列车位置等一系列约束条件进行安全性检查，只是排列进路的时机由人工操作决定。

(4) 计划控制

车站子系统是否将收到的列车运行计划作为检查进路合理性的依据，一般应检查列车进路和调车进路是否存在冲突。如勾选此项，则表示自律机将收到的列车运行计划作为检查进路合理性的依据；如果有计划控制，则站场图上每个车站站名下的"计划控制"表示灯亮绿灯。

(5) 按图排路

车站自律机根据列车运行计划和调车作业计划生成进路序列指令，并自动触发执行。

(6) 手工排路

车站自律机只执行人工直接按钮操作，计划和进路序列失效。如果手工排列的进路能够通过联锁条件检查,则建立进路,否则无法建立该进路。

2. 车务终端操作方法

(1) 登录与交接班

① 用户登录:当重新启动车务终端或用户换班需重新登录时单击"登录",弹出如图 4-6(a)所示的登录对话框。输入正确的用户姓名和密码即可顺利登录,并在运统报表和调度命令签收时会显示正确的用户姓名,否则只能查看。车务终端第一次运行时可使用用户代号(CASCO)和密码(无)登录,然后通过用户管理对话框添加本车站用户。

② 用户注销:当用户有事暂时离开或不希望他人随便操作车务终端时,可注销用户。单击"注销",弹出提示框,确定后即执行注销。

③ 退出:一旦退出应用程序,车站的 CTC 功能就全部消失,因此车站值班员不要使用此菜单命令。点击"退出",弹出如图 4-6(b)的对话框,输入"DMIS",单击"确认"按钮,则退出 CTC 车务终端系统。

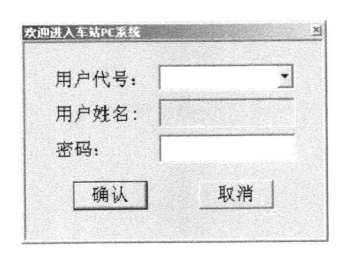

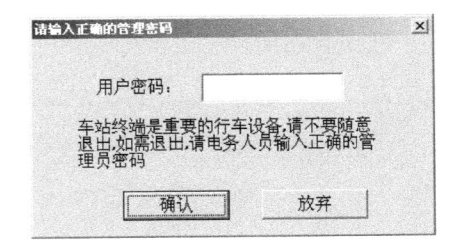

(a) 登录对话框   (b) 退出对话框

图 4-6 车站 PC 系统

(2) 设定控制模式

① 非常站控与分散自律之间的模式转换。

分散自律模式→非常站控模式:无条件转换,按下联锁控制界面的"非常站控"按钮进行转换。非常站控模式→分散自律模式:有条件转换,在联锁控制界面上的"允许自律控制"表示灯亮黄灯时,按下"非常站控"按钮进行转换。只有在"允许转回"表示灯亮黄灯时,才可以从非常站控模式转到分散自律模式。

"允许转回"表示灯亮黄灯的条件是：检查非常站控模式下有无正在执行的按钮操作，如果没有，亮黄灯。此外，有半自动闭塞的车站，"ST 闭塞切换"表示灯不能亮红灯，否则将无法切换到分散自律模式。

非常站控与分散自律的模式转换如图 4-7 所示。

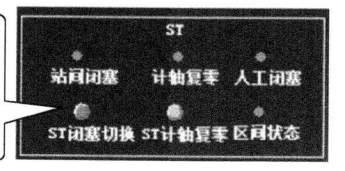

图 4-7 非常站控与分散自律的模式转换

② 三种控制模式之间的转换。

在车务终端单站控制界面 CTC 工具条上，单击"模式转换"按钮，如图 4-8 所示。选择需要转换的目标操作方式，车站当前的操作方式会变为红色，单击"确定"按钮。如果转换成功，单站控制界面上部的相应操作方式表示灯会亮绿色。在车务终端提出模式申请和调度中心提出模式申请的情况下，对应的转换关系分别如表 4-1 和 4-2 所示。

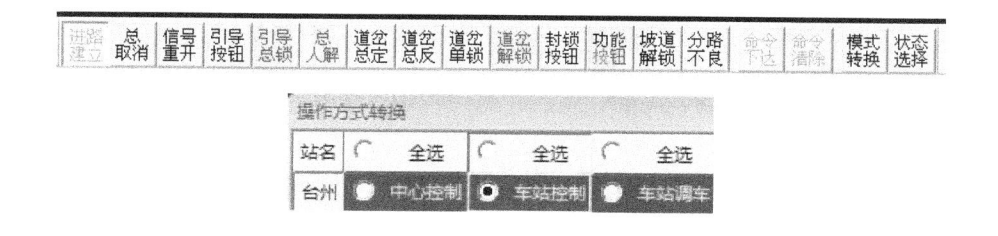

图 4-8 三种控制模式的转换

表 4-1 车务终端提出模式申请转换关系

源 方 式	目 的 方 式		
	中 心 控 制	车 站 控 制	车站调车控制（分散自律）
中心控制	—	需要中心同意，车站控制表示灯黄灯闪烁	无权申请

续表

源　方　式	目 的 方 式		
	中 心 控 制	车 站 控 制	车站调车控制（分散自律）
车站控制	需要中心同意,中心操作表示灯黄灯闪烁	—	需要中心同意,车站控制表示灯黄灯闪烁
车站调车控制（分散自律）	无权申请	需要中心同意,车站控制表示灯黄灯闪烁	—

表 4-2　调度中心提出模式申请转换关系

源　方　式	目 的 方 式		
	中 心 控 制	车 站 控 制	车站调车控制（分散自律）
中心控制	—	需要车站同意,车站控制表示灯绿灯闪烁	直接转换
车站控制	需要车站同意,中心操作表示灯绿灯闪烁	—	需要车站同意,车站调车表示灯绿灯闪烁
车站调车控制（分散自律）	直接转换	需要车站同意,车站控制表示灯绿灯闪烁	—

③ 计划控制状态选择。

计划控制只有在按图排路时才能发挥作用。即按图排路时，如果调车进路和列车进路出现冲突且此时又需要办理调车进路，则需要取消"计划控制"选项。

按图排路：自律机根据列车运行计划和调车作业计划生成进路序列指令，并自动触发执行。

手工排路：自律机只执行人工直接按钮操作，计划和进路序列失效。

（3）CTC 信号设备操纵方法

CTC 具备两种命令操作方式：左键操作方式和右键操作方式。

① CTC 命令的左键操作方式：通过鼠标左键来完成命令。首先用左键在 CTC 工具条上选择操作命令（如"总取消"）；然后在站场图上选择相应的设备；鼠标左键单击一下设备，如该设备被成功选中，则以明显不同的方式显示；最后单击

CTC 工具条上的"命令下达"按钮发出操作命令。"命令清除"是对操作命令进行清除，重新回到默认的"进路建立"命令状态下。对于左键方式，"命令下达"和"命令清除"还可以通过在站场图上（任何位置）单击鼠标右键通过弹出的菜单来实现。此时，"命令"指的是命令下达，"清除"指的是命令清除。

② CTC 命令的右键操作方式：右键操作方式是对左键操作方式的改进，避免了鼠标左键"选择命令→选择设备→命令下达"操作方式的大范围鼠标移动。右键方式可以直接在站场图上找到要操作的设备，通过鼠标右键弹出的菜单，选择需要的命令来完成该设备的命令下发。需要注意的是：只有当鼠标移到设备上，设备颜色变为高亮时，才能通过右键打开菜单，道岔操作如图 4-9 所示。

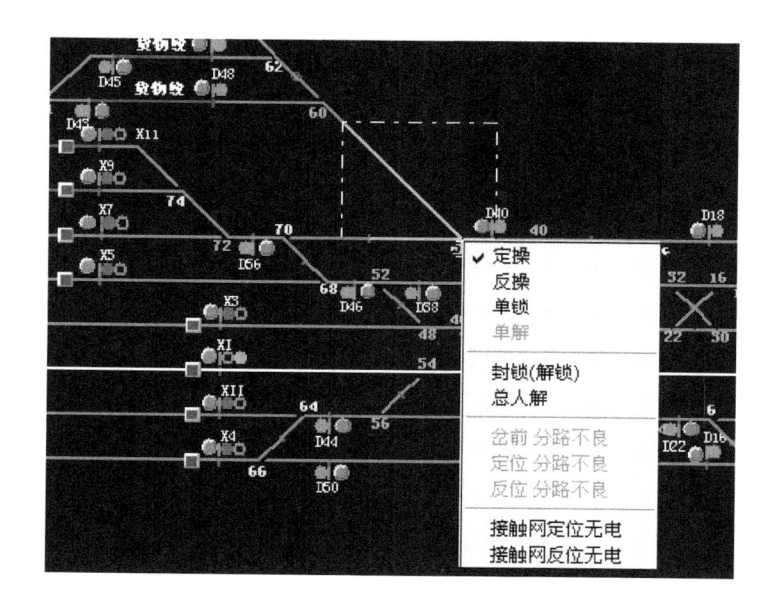

图 4-9 道岔操作

（4）手工排路和取消进路

① 手工排路：手工排列进路与计算机联锁操作方法相近，即双按钮+"命令下达"。系统默认 CTC 工具条上"进路建立"按钮为按下状态，排列进路时可采用左键操作方式：即鼠标左键单击始、终端按钮及 CTC 工具条上"命令下达"按钮；也可采用右键方式：即鼠标放置于进路始端信号机上，出现蓝色背景后，单击右键弹出提示框后，选择对应的操作——建立列车（调车）进路，然后鼠标左键单击终端按钮及"命令下达"按钮。在命令下达前可以采用单击 CTC 工具条上

的"命令清除"按钮撤销所进行的操作。在排列进路时，系统会出现输入车次的提示，排调车进路会出现输入调车所需时间。正确输入车次及时间后确定即可，否则系统会出现错误报警。

② 取消进路：左键操作方式下，鼠标左键单击 CTC 工具条上"总取消"按钮，然后左键单击进路始端按钮，最后单击"命令下达"按钮。右键操作方式下，鼠标置于进路始端信号机上，单击右键选择提示框中的"取消列车（调车）进路"后确定。

（5）引导进路

当进站信号机（或进路信号机）因故不能正常开放时，可开放引导信号。

① 左键操作方式：单击 CTC 工具条上"引导"按钮，再单击线路站场下方对应进站信号机的引导按钮，输入正确的密码，最后单击"命令下达"按钮。

② 右键操作方式：将鼠标置于相应的进站信号机上，单击右键，在提示框中选择"引导"，输入正确的密码后确定。

③ 引导解锁：左键操作方式下，鼠标左键单击 CTC 工具条上"总人解"按钮，输入正确的密码后，再用左键单击进路始端按钮，最后单击"命令下达"按钮；右键操作方式下，鼠标置于进站信号机上，单击右键，选择提示框中的"总人解"，输入正确的密码后确定。

（6）引导总锁闭

① 准备进路锁闭道岔：进路准备好后，在 CTC 工具条上选择"引导总锁"按钮，系统提示需要输入两次密码，然后单击站场图的"引导总锁"按钮，最后单击"命令下达"按钮。

② 开放引导信号：锁闭道岔后，开放引导信号操作同引导进路。

③ 解锁方法：引导总锁闭后，站场下方的"引导总锁闭"指示灯呈红色，解锁与锁闭的方法相同：即在 CTC 工具条上选择"引导总锁"按钮，系统提示需要输入两次密码，然后单击站场图的"引导总锁"按钮，最后单击"命令下达"按钮。操作后站场下方的"引导总锁闭"指示灯恢复为灰色，道岔全部解锁。

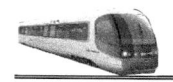

4.3 实验 4-1：CTC 控制模式及进路方式实验

4.3.1 实验目的

1．掌握分散自律三种控制模式的基本概念。

2．了解中心控制模式、车站调车控制模式、车站控制模式之间的转换流程。

3．掌握自动触发进路、人工触发进路、计划控制、按图排路、人工排路的控制过程。

4.3.2 实验设备

列车调度仿真实验系统。

4.3.3 实验内容

1．实验操作

步骤一： 仿真实验系统启动。

首先，启动 CTC 服务器及终端工作站电脑（分控台软件随电脑启动）；其次，启动仿真系统总控台软件，通过控制台启动 CTC 后台服务器软件、调度工作站软件等仿真系统运行环境。

步骤二： 熟悉车务终端软件。

以 CASCO 作为用户代号和密码（车站值班员）登录车务终端软件，依次操作并解释工具栏按钮的功能，如图 4-10 所示。

图 4-10 车务终端软件工具栏按钮

第4章 高铁列车调度系统仿真实验

步骤三：签收调度计划。

签收调度员下达的阶段计划，观察进路序列窗显示进路信息。概述进路序列窗显示对于本站的意义。

步骤四：控制模式转换操作。

车务终端（车站值班员）与调度工作站（调度员）配合，进行 CTC 控制模式转换。概述非常站控与 CTC 控制模式之间的转换条件。

步骤五：当前控制模式下，进路序列窗操作。

观察并记录本站 CTC 控制方式，验证能否对进路序列窗进行操作，能否进行进路办理，解释控制原理。

步骤六：车站调车控制模式下，进路序列窗操作。

申请切换模式至车站调车控制模式，验证能否对进路序列窗进行操作，能否进行进路办理，解释控制原理，如图 4-11 所示。

序	车次	股道	自触	方向	开始	计划	状态	进路描述
1	D3111	3道	✓	接车	01:14	01:15	触发完成	X-S3
2	D3111	3道	✓	发车	01:17	01:17	等待	X3-SF
3	D3102	II道	✓	接车	01:25	01:25	等待	S-XII
4	D3102	II道	✓	发车	01:25	01:25	等待	SII-XF
5	D382	8道	✓	接车	01:39	01:41	等待	S-X8

图 4-11 进路序列窗情况（列车进路序列不可修改、调车可修改）

步骤七：车站控制方式，车务终端操作。

申请切换模式至车站控制模式，观察进路序列窗显示有什么变化，验证能否对进路序列窗进行操作，解释控制原理，如图 4-12 所示。

步骤八：三种控制模式转换条件。

总结三种控制模式的转换关系并填入下表。

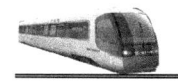

列车进路序列 可修改							
序	车次	股道	自触	方向	开始	计划	状态	进路描述
1	D3111	3道	□	接车	01:14	01:15	等待	X-S3
2	D3111	3道	□	发车	01:17	01:17	等待	X3-SF
3	D3102	II道	□	接车	01:25	01:25	等待	S-XII
4	D3102	II道	□	发车	01:25	01:25	等待	SII-XF
5	D382	8道	□	接车	01:39	01:41	等待	S-X8

图 4-12 进路序列窗情况（列车进路序列可修改、调车可修改）

源 方 式	目 的 方 式		
	中 心 控 制	车 站 控 制	车站调车控制（分散自律）
中心控制			
车站控制			
车站调车控制（分散自律）			

步骤九：车务终端进路控制。

通过实验操作，观察并分析自触进路、人工触发进路、计划控制、按图排路、人工排路的异同。

步骤十：进路自动触发。

在中心控制或车站调车控制模式下，观察并记录一条列车进路自触发过程，分析进路自动触发功能原理，如图 4-13 所示。

步骤十一：车站控制模式下操作对进路控制的影响。

切换控制模式至车站控制模式，在计划控制及按图排路的进路方式下，进行修改自触标志、股道以及人工触发进路排列的操作（操作时，注意系统报警框内容并正确操作）。通过"状态选择"改变进路控制方式为人工排路，观察进路序列窗的变化，解释调度控制原理。

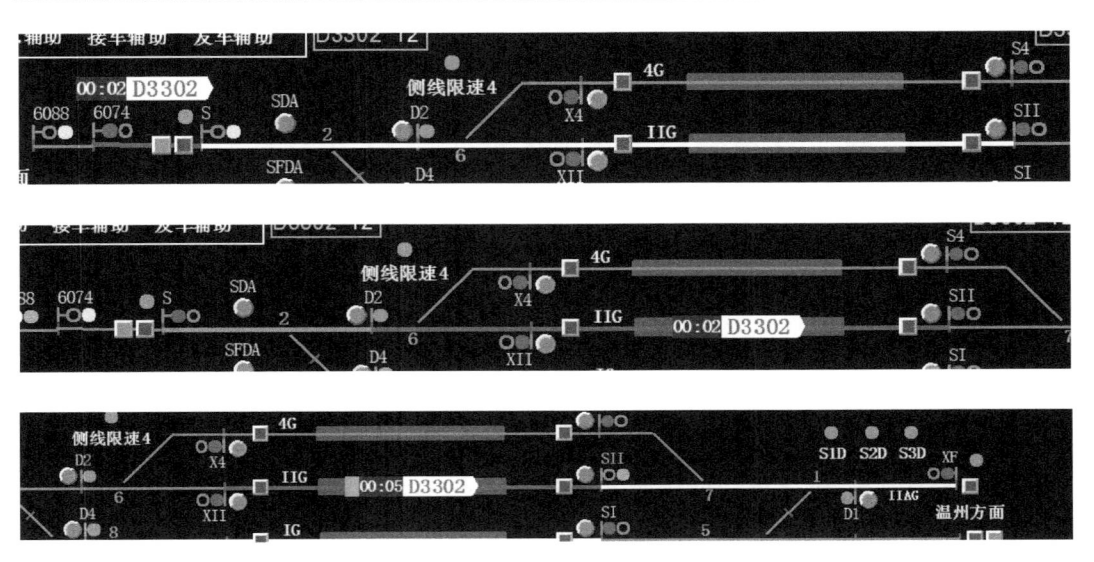

图 4-13 列车进路自触发过程

2．课内外问题

（1）分析 CTC 实现列车调度控制的基本原理。

（2）分析并阐述进路自动触发功能的原理及条件。

（3）简述分散自律的基本原理。

4.4 实验 4-2：CTC 车站操作控制实验

4.4.1 实验目的

1．熟悉车务终端操作本站设备与 CTC 工具条的基本功能。

2．掌握进路的建立与取消、信号重开、引导进路与引导总锁闭等操作。

3．掌握道岔的单操、单锁单解与封锁解封、人工改方等操作，以及人工进路与阶段计划自动进路冲突时的处理方式。

4.4.2 实验设备

列车调度仿真实验系统。

4.4.3 实验内容

1. 实验操作

实验操作之前请将本站控制模式切换到车站控制模式，且保持"计划控制""按图排路"为勾选状态。如人工排列进路与阶段计划有冲突，则需记录处理方式，并注意人工进路是否对列车运行造成影响。

步骤一：列车进路、调车进路建立。

依次排列一条下行或上行正线接车进路、侧线接车进路、通过进路、长短调车进路，记录排列进路按压的按钮和过程（注明左、右键操作方式）。依次取消上述进路，记录取消进路按压的按钮和过程。正线接车、侧线接车进路建立如图4-14所示。

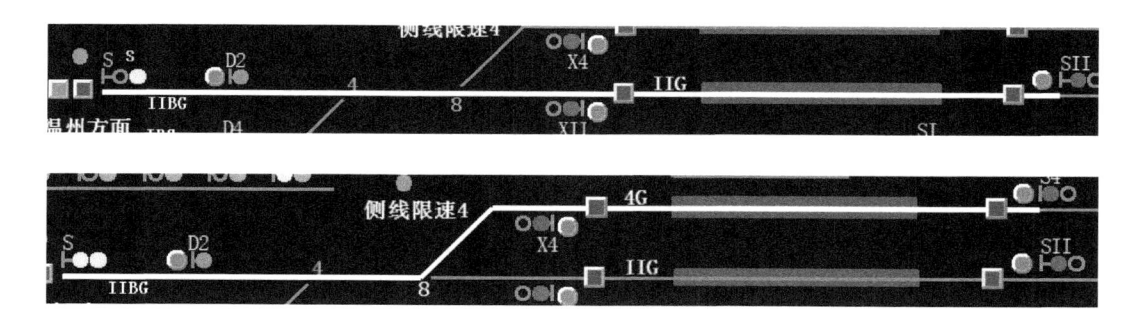

图4-14 正线接车、侧线接车进路建立

步骤二：引导进路建立。

排列一条下行到侧线的引导进路（注明左、右键操作方式），记录排列引导进路按压的按钮和过程。引导进路建立如图4-15所示。

第 4 章 高铁列车调度系统仿真实验

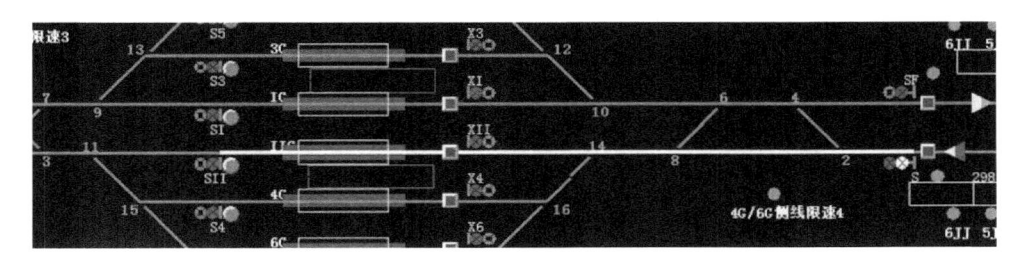

图 4-15 引导进路建立

步骤三：引导总锁闭手续办理。

办理下行引导总锁闭手续（注明左、右键操作方式）并解锁，记录办理和解锁过程。引导总锁闭手续办理如图 4-16 所示。

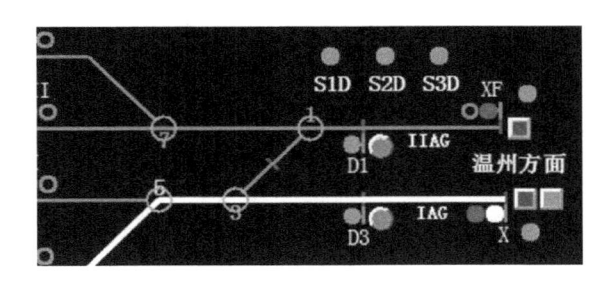

图 4-16 引导总锁闭手续办理

步骤四：道岔单独操纵。

观察并记录操作过程和道岔状态。

单动、双动道岔定操、反操；

单动道岔单锁、单解；

单动道岔封锁、解封；

说明道岔在单锁/单解、封锁/解封状态下，进路（含该道岔）能否排列的情况。

步骤五：进站口改方手续。

办理下行进站口的改方手续以及恢复正常行车方向的手续，观察并记录操作按钮及站场状态。

步骤六:"坡道解锁""分路不良"操作。

进行相关实验操作,概述"坡道解锁""分路不良"的应用场景。

步骤七:进路窗含义。

选择一个进路窗,说明其内容含义,如图 4-17 所示。

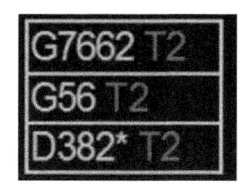

```
G7662 T2
G56   T2
D382* T2
```

图 4-17　进路窗

步骤八:车次窗操作。

选择一个车次窗,进行加车次、删除车次操作。概述确认、修正、变更车次号等命令的应用场景。

步骤九:"设置停稳""设置启动"操作。

进行相关实验操作,概述车次窗操作命令中"设置停稳""设置启动"的应用场景及含义。

步骤十:车务终端功能总结。

总结车务终端基本操作功能及控制原理。

2. 课内外问题

(1)试分析 CTC 进行车站设备操作与联锁上位机操作的异同?(例如,CTC 能进行区段和信号机的封锁,而联锁操作中没有,如何协调?从 CTC 功能与联锁的功能上进行分析。)

(2)试分析 CTC 系统中车站进路序列的生成原理。

第 5 章

CTCS-3 级列控系统仿真实验

CTCS-3 级列控系统仿真实验主要针对高铁列车的车载和地面控制技术开展实验教学，培养学生对列控系统灵活应用的实践能力。本章包含 3 个实验，涉及 CTCS-3 级列控系统的结构、原理、工作流程等。

5.1 实验原理

CTCS-3 级列控系统是中国列车运行控制系统（CTCS）的第三级，并兼容 CTCS-2 级列控系统。CTCS-3 级列控系统运行过程示意图如图 5-1 所示。它基于 GSM-R 无线通信实现车-地信息双向传输，以无线闭塞中心（RBC）生成行车许可，以轨道电路实现列车占用检查，以应答器实现列车定位。

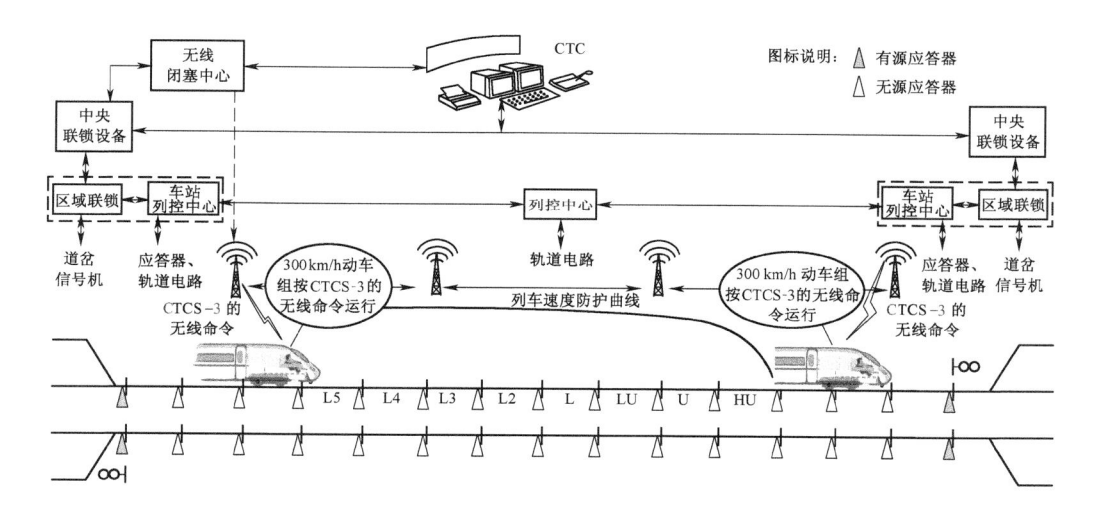

图 5-1 CTCS-3 级列控系统运行过程示意图

5.1.1 CTCS-3 级列控系统总体结构

CTCS-3 级列控系统的总体结构如图 5-2 所示，包括地面设备和车载设备两部分。地面设备由无线闭塞中心（RBC）、列控中心（TCC）、ZPW-2000 轨道电路、GSM-R 通信接口设备等组成。地面设备根据列车进路信息、列车检测信息、灾害防护信息等确定列车的行车许可，并调取该行车许可范围内的线路描述信息，然后将列车的行车许可及其范围内的线路描述信息等发送至列控系统车载设备。车载设备由车载安全计算机（VC）、GSM-R 无线通信单元（RTU）、轨道电路信息接收单元（TCR）、应答器信息接收模块（BTM）、记录单元（JRU）、人机界面（DMI）等组成。车载设备根据行车许可、线路描述信息及列车制动模型等参数计算动态速度包络线，得到列车的允许速度，进而比较列车的实时速度和允许速度，监控列车运行。

CTCS-3 级列控系统采用目标-距离模式曲线监控列车的安全运行。RBC 根据轨道电路、联锁进路等信息生成行车许可，并通过 GSM-R 无线通信系统将行车许可、线路参数、临时限速传输给车载设备；同时通过 GSM-R 无线通信系统接收车载设备发送的位置和列车数据等信息。车载安全计算机根据地面设备提供的行车许可、线路参数、临时限速等信息和动车组参数，按照目标-距离模式生成动态速度曲线，监控列车安全运行。

5.1.2　CTCS-3 级列控系统地面设备

CTCS-3 级列控系统地面设备的组成如图 5-3 所示，主要包括列控中心（TCC）、无线闭塞中心（RBC），以及地面电子单元（LEU）、轨道电路等。

1．列控中心（TCC）

TCC 根据轨道区段占用信息、联锁进路信息、线路限速信息等，产生列车行车许可命令，并通过轨道电路和有源应答器，传输给车载子系统，保证其管辖内的所有列车的运行安全。TCC 是 CTCS-2 级列控系统地面子系统的核心设备。

2．无线闭塞中心（RBC）

RBC 的主要功能包括：通过列车的 CTCS 识别码获得列车的信息；通过轨道电路提供的列车占用信息跟踪区域内列车；根据计算机联锁、轨道电路等系统提供的信息，生成管内每一列车的运行许可；接收临时限速服务器发送的临时限速信息；向管内列车传送列车当前运行许可、临时限速及线路参数。

在不同 RBC 的边界处，列车在两个 RBC 间行车许可控制实施安全切换，如图 5-4 所示。RBC 切换包括 2 部 GSM-R 无线电台都正常和只有 1 部 GSM-R 无线电台正常的场景，适用于列车在本线路不同 RBC 控制区间 RBC 对列车控制权的切换，也适用于不同线路间 RBC 对列车控制权的切换。

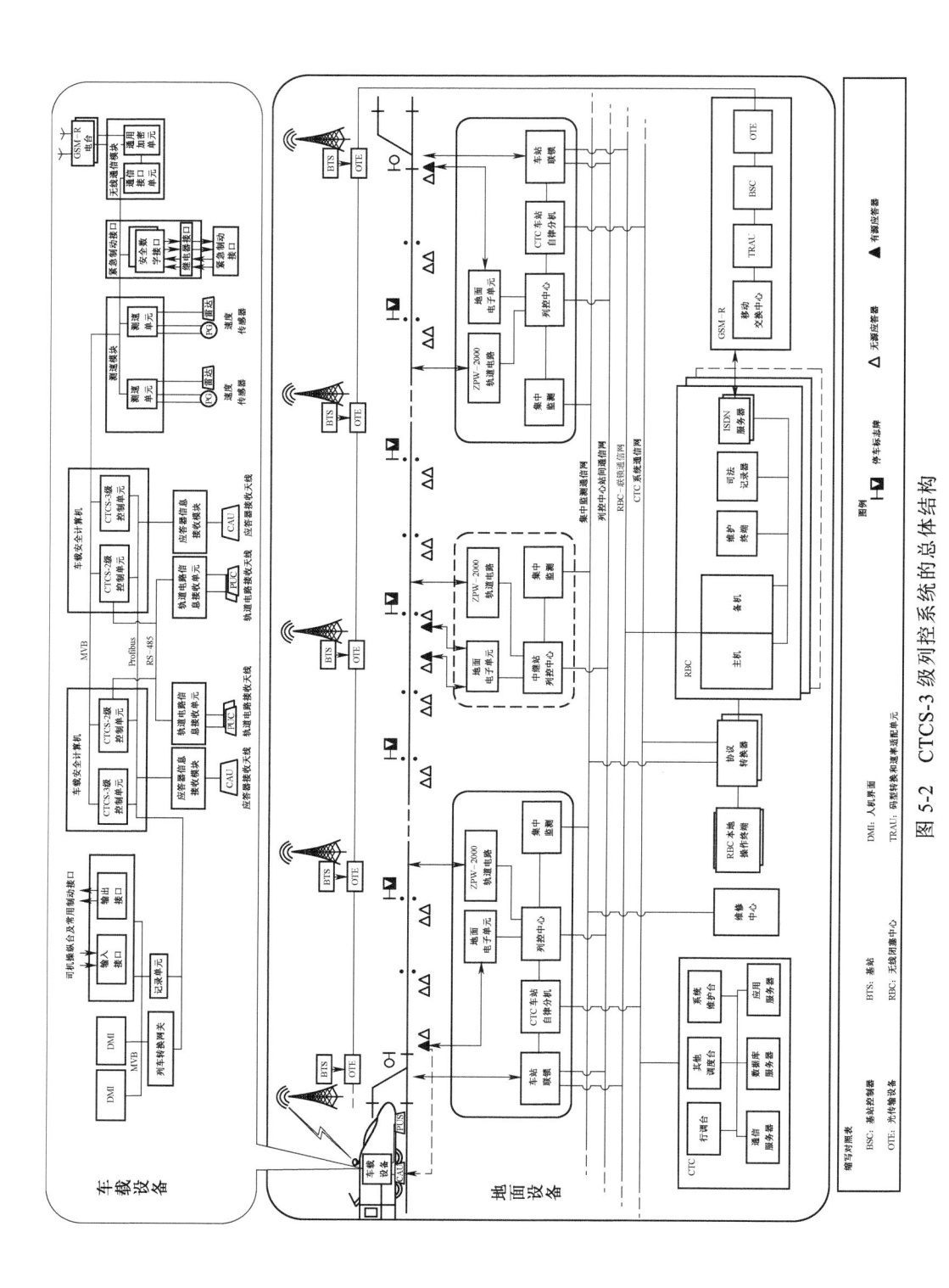

图 5-2 CTCS-3 级列控系统的总体结构

图 5-3　CTCS-3 级列控系统地面设备的组成

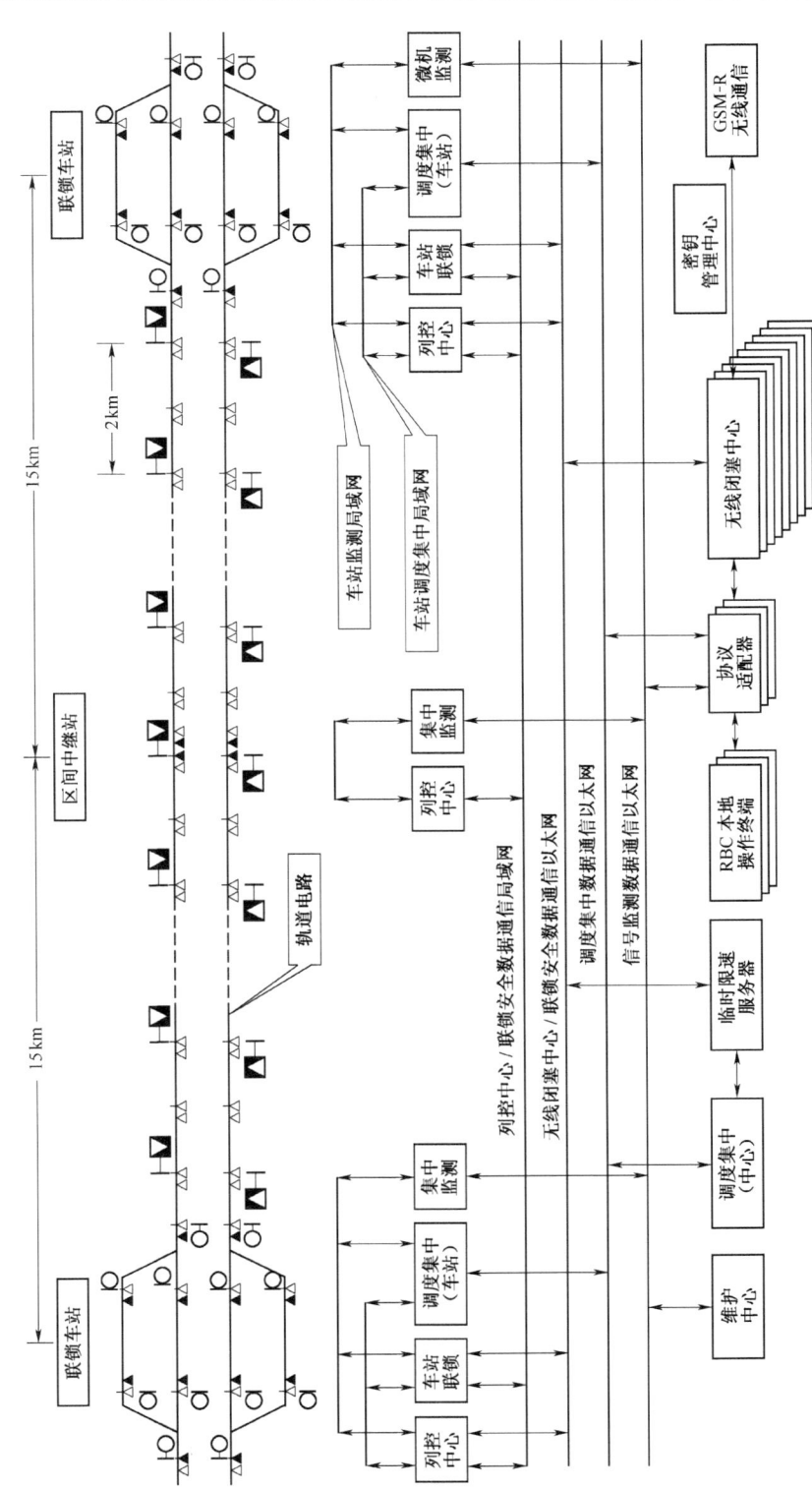

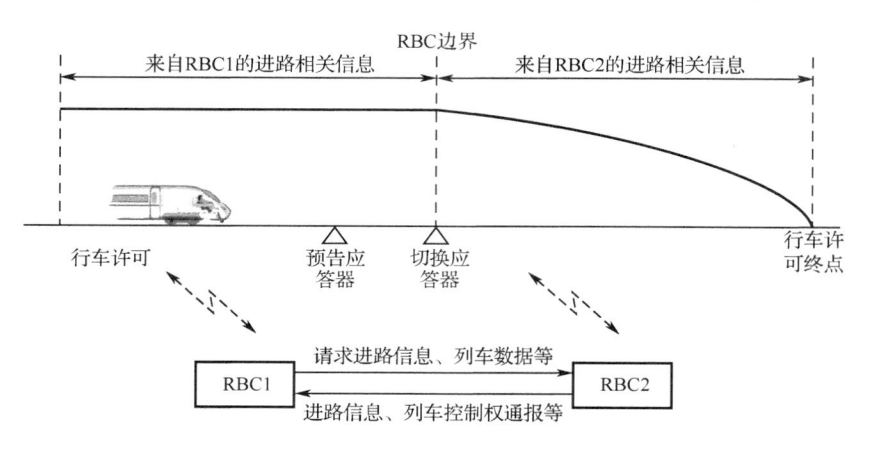

图 5-4 RBC 切换示意图

3. 地面电子单元（LEU）

LEU 通过通信接口与 TCC 设备连接，将来自 TCC 的报文连续向有源应答器发送，从而完成向车载设备发送可变信息。当 LEU 与 TCC 通信故障或接收的数据无效时，LEU 向有源应答器发送默认报文。

4. 应答器

应答器负责向 CTCS-3 级列控系统车载设备提供位置、等级转换、建立无线通信等信息，同时对 CTCS-2 级列控系统车载设备提供线路速度、线路坡度、轨道电路、临时限速等线路参数信息。

5. 轨道电路

区间采用 ZPW-2000 系列无绝缘轨道电路，正常码序为：L5—L4—L3—L2—L—LU—U—HU。

5.1.3 CTCS-3 级列控系统车载设备

CTCS-3 级列控系统车载设备包括车载安全计算机（VC）、GSM-R 无线通信单元（RTU）、轨道电路信息接收单元（TCR）、应答器信息接收模块（BTM）、记录单元（JRU）、人机界面（DMI）等，如图 5-5 所示。其中，车载安全计算机（VC）、

第 5 章 CTCS-3 级列控系统仿真实验

应答器信息接收模块（BTM）、人机界面（DMI）等关键设备均采用冗余配置。

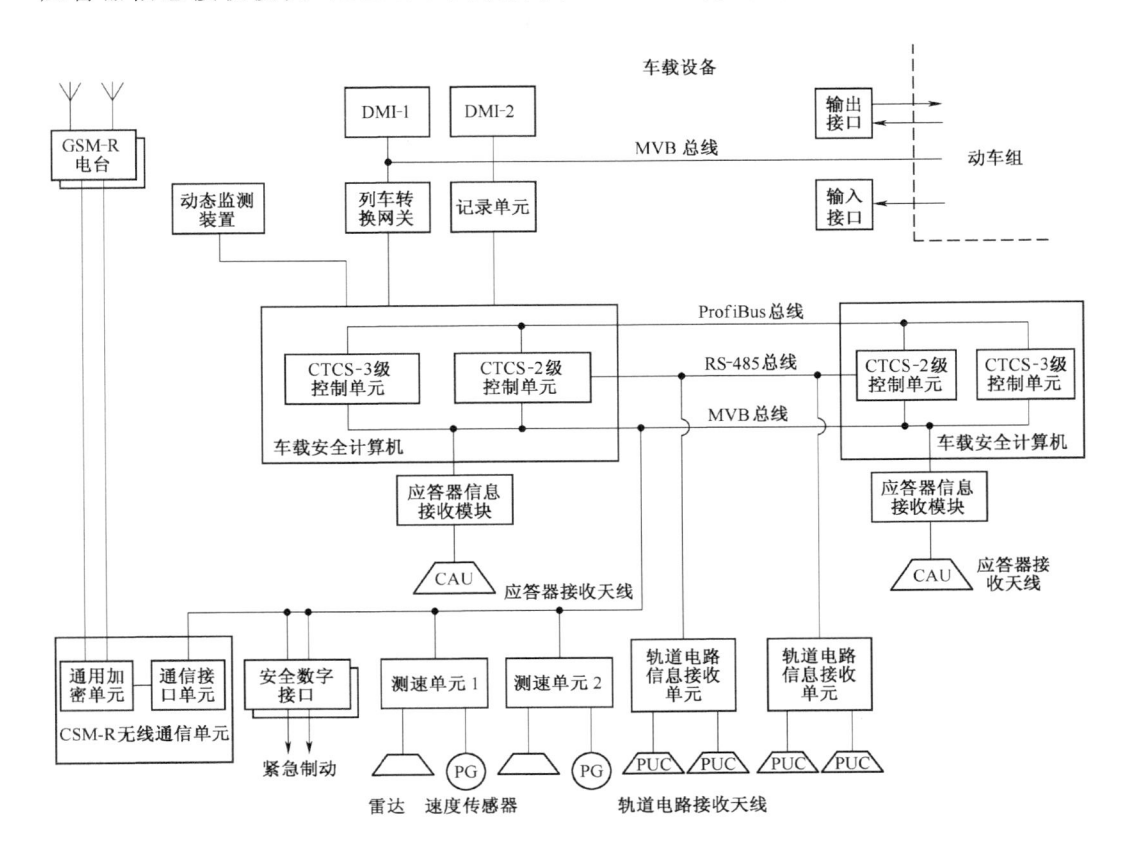

图 5-5　车载设备的总体结构

1．车载设备功能

（1）自检功能

启动车载设备时首先对系统进行自检，以确认设备是否有效。主要测试内容包括常用制动和紧急制动命令能否正确输出、TCR 是否完好、DMI 显示是否正常等。

（2）数据输入和存储

车载设备能够记录外部输入的列车参数以及变化时间，相关参数包括车次号、司机 ID 号、列车长度、列车类型、列车最大允许速度（结构速度）等。

（3）界面显示

车载设备提供显示和操作界面，在驾驶过程中为司机提供参考信息。

（4）信息接收及发送

车载设备通过 GSM-R 无线通信系统向 RBC 发送司机选择输入和确认的数据（如车次号、列车长度）、列车固有性质数据（列车类型、列车最大允许速度、牵引类型等）、车载设备在 RBC 的注册和注销信息，并定期向 RBC 报告列车位置、列车速度、列车状态（正常时）和车载设备故障类型（非正常时）信息、列车限制性信息以及文本信息等。

同时，车载设备接收 RBC 发送的行车许可（包括车载设备识别号、目标距离、目标速度以及可能包括的延时解锁相关信息、防护区相关信息、危险点相关信息）、紧急停车（无条件紧急停车和有条件紧急停车）、临时限速、外部报警信息以及文本信息等。

（5）静态曲线比较

车载设备根据列车数据和线路数据生成静态列车速度曲线。静态列车速度曲线为考虑线路速度等级、线路允许速度、列车的限制速度等因素计算得到的线路所有位置处的列车允许速度。

（6）动态曲线计算

车载设备根据列车运行中的各种限制生成动态列车制动模式曲线，该曲线包括常用全制动曲线和紧急制动曲线。在保证安全的前提下，尽量优化制动曲线和减小制动距离。

（7）列车定位

车载设备以收到的地面应答器信息为基准点，并通过测速单元等设备测量列车运行距离来获得列车位置，然后定时向 RBC 报告列车位置。

（8）速度的测量和显示

车载设备通过安装在车轮的速度传感器和安装在车体的雷达能够实时检测列车的运行速度，综合两者计算即可获得列车的实际运行速度，然后将其发送至主

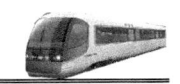

机模块并通过 DMI 向司机显示。

（9）行车许可和限速命令显示

车载设备根据得到的行车许可和限速命令通过 DMI 向司机显示目标距离和允许速度，还可以运用声音提示等方式向司机进行报警。

（10）行车许可和限制速度的监督

车载设备允许司机以最大安全速度行驶，保证列车在静态列车速度曲线和动态列车制动模式曲线的监督下安全运行。当列车速度超过报警速度时向司机报警，报警持续到实际速度低于允许速度为止；当列车速度超过常用制动速度时，车载设备实施常用制动，直到实际速度低于缓解速度，此后可由设备或司机选择缓解常用制动。当列车速度超过紧急制动速度时，车载设备实施紧急制动，列车停稳后司机才能缓解紧急制动。

（11）司机操作监督

车载设备要求司机在一定间隔（时间或距离）内应答。如未在规定间隔内接收到司机的应答信息，则以声音形式向司机报警；如司机在报警后的一定时间内仍未做出响应，车载设备实施紧急制动，直到列车停稳后方可缓解紧急制动。

（12）溜逸防护

车载设备监视列车的运行方向和当前运行状态。当列车发生溜逸时，车载设备实施紧急制动，并只能在列车停车后才能由司机缓解。

（13）信息记录

车载设备记录输入数据、接收数据和计算数据等，所有记录数据与统一时钟和位置参考点对应，然后通过标准输出接口转储到其他介质以便分析。

（14）自动过分相

车载设备根据地面设备提供的数据提供前方过分相信息。

（15）站名和公里标显示

车载设备根据地面信息提供当前车站站名显示和固定点公里标信息。

2. 主要工作模式

CTCS-3 级列控系统车载设备（含 CTCS-2 级功能）主要有以下 9 种工作模式。

（1）完全监控模式（FS）

当车载设备具备列控所需的全部基本数据（包括列车数据、行车许可和线路数据等）时，列控车载设备生成目标-距离连续速度控制模式曲线，并通过人机界面（DMI）显示列车运行速度、允许速度、目标速度和目标距离等信息，监控列车安全运行。

（2）目视行车模式（OS）

当地面设备发生故障、列控车载设备显示禁止信号且列车停车后需继续运行时，根据行车管理办法，经司机操作列控车载设备按固定限制速度（40km/h）监控列车运行，列车每运行一定距离（300m）或一定时间（60s），司机需确认一次。

（3）引导模式（CO）

当开放引导信号时，车载设备按固定限制速度（40km/h）监控列车运行，司机负责在列车运行时检查轨道占用情况。

（4）调车模式（SH）

当调车作业时，司机按压调车按钮并在收到 RBC 的调车授权后，列控车载设备按固定限制速度（40km/h）监控列车前进或折返运行。当工作在 CTCS-3 级时，经 RBC 同意，列控车载设备转入调车模式（SH）后与 RBC 断开连接，退出调车模式（SH）后再重新与 RBC 连接。

（5）隔离模式（IS）

当车载设备停用时，需在停车的情况下，操作隔离装置使车载设备转入隔离模式。该模式下车载设备不具备安全监控功能。

（6）待机模式（SB）

当车载设备上电时，执行自检和外部设备测试正确后自动处于待机模式，车载设备禁止列车移动。当司机开启驾驶台后，车载设备中的 DMI 投入正常工作。

（7）休眠模式（SL）

该模式用于非本务端车载设备，此模式下的车载设备仍执行列车定位、测速测距、记录等级转换及 RBC 切换信息等功能。列车立即折返，非本务端升为本务端后车载设备自动进入正常工作状态。

（8）部分监控模式（PS）

该模式仅用于 CTCS-2 级控车。当车载设备接收到轨道电路允许行车信息但缺少应答器提供的线路数据时，列控车载设备生成固定限制速度，监控列车运行。

（9）机车信号模式（CS）

该模式仅用于 CTCS-2 级控车。当列车运行到未装备 CTCS-3/CTCS-2 级列控系统的区段时，经司机操作后列控车载设备按固定限制速度监控列车运行，并显示机车信号。

3．车载设备接口

车载设备的内部接口主要包括人机界面接口、速度传感器接口、雷达接口、运行记录单元接口、轨道电路信息处理接收器接口、应答器信息处理接收器接口、GSM-R 无线通信器接口等。

车载设备的外部接口主要包括动车组接口、GSM-R 接口、动态检测接口、应答器接口、轨道电路接口、司法记录器下载接口、电源接口等。

5.2 实验系统介绍

CTCS-3 级列控仿真实验系统的总体架构如图 5-6 所示，主要由地面仿真子系统和车载仿真子系统组成。

1．地面仿真子系统

地面仿真子系统包括调度中心仿真子系统、无线闭塞中心仿真子系统、车站联锁仿真子系统、列控中心仿真子系统、轨旁设备模拟子系统等，各系统功能如下。

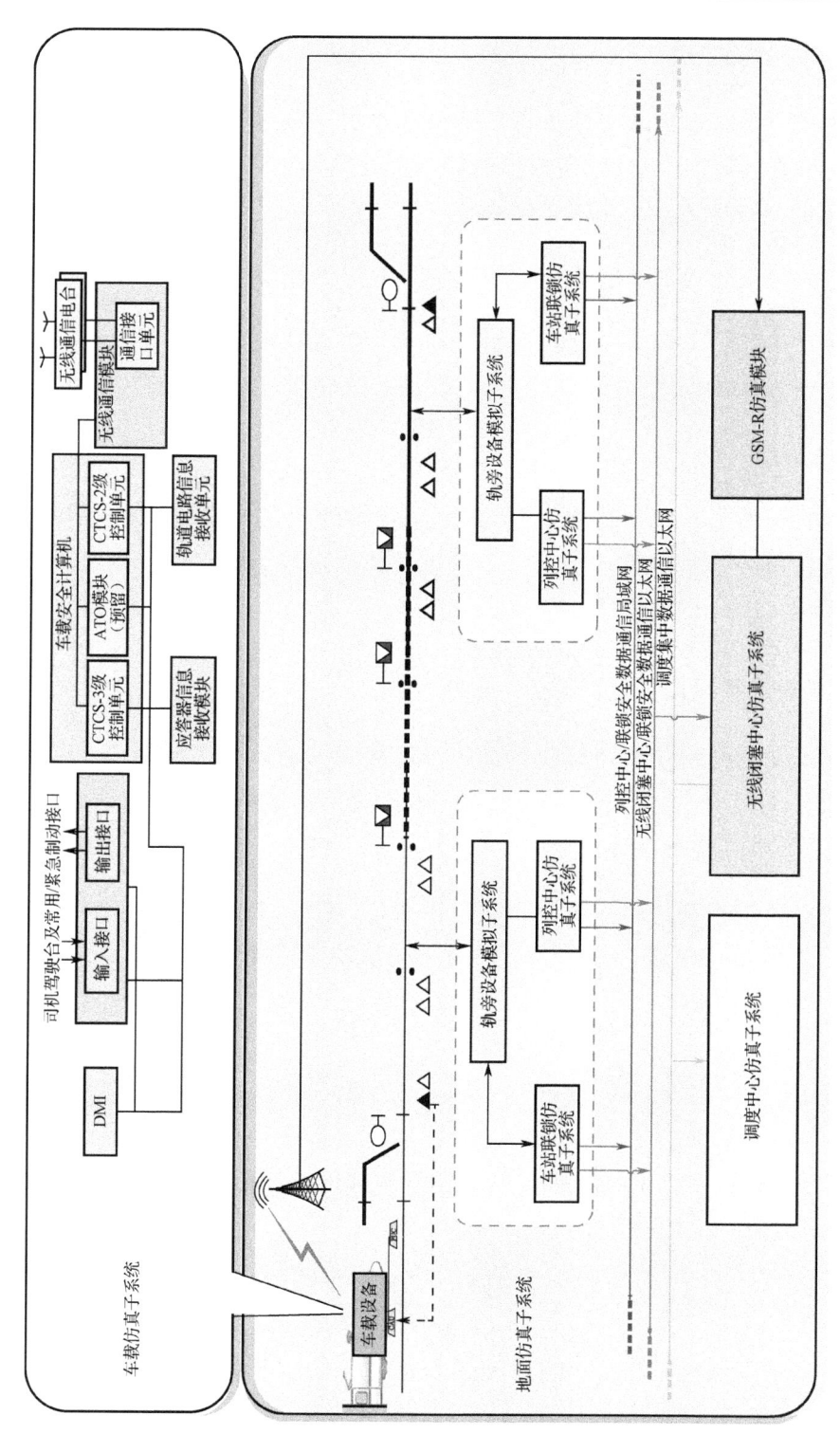

图 5-6 CTCS-3 级列控仿真实验系统的总体架构

第 5 章　CTCS-3 级列控系统仿真实验

（1）调度中心仿真子系统：负责运行计划编制及下达、临时限速命令管理、进路远程控制、列车运行及信号状态监督等。

（2）无线闭塞中心仿真子系统：负责列车管理、移动授权 MA 计算、RBC 切换、数据配置等。无线闭塞中心仿真子系统界面如图 5-7 所示。

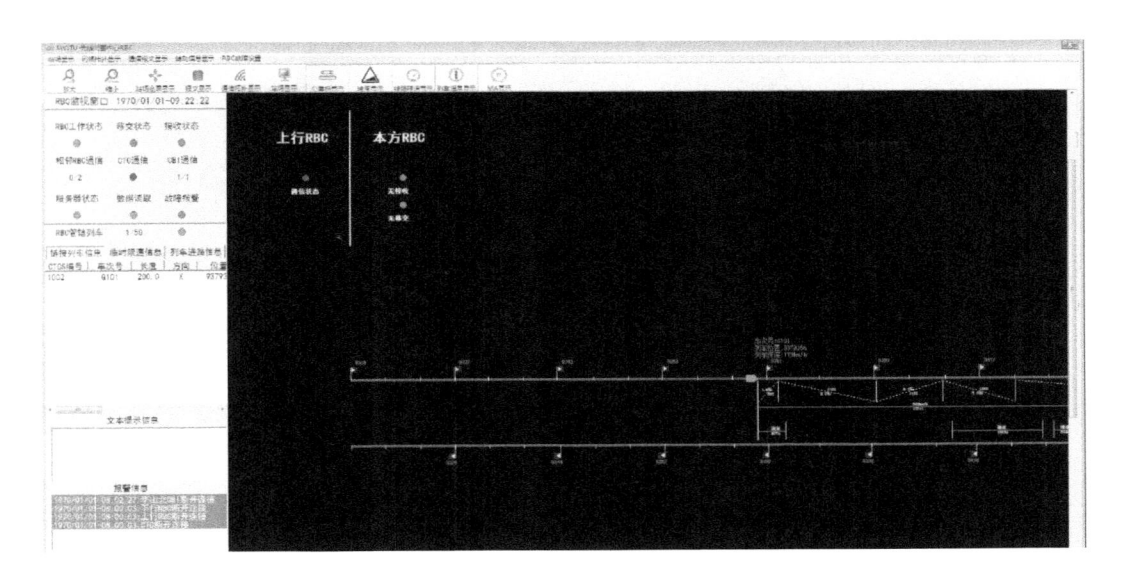

图 5-7　无线闭塞中心仿真子系统界面

（3）车站联锁仿真子系统：负责车站进路控制。

（4）列控中心仿真子系统：负责站内/区间轨道电路编码、有源应答器报文编制、区间运行方向控制等。列控中心仿真子系统界面如图 5-8 所示。

（5）轨旁设备模拟子系统：模拟应答器和轨道电路，实现应答器报文发送、轨道占用检查等。

2．车载仿真子系统

车载仿真子系统的主要功能包括列车速度位置计算、应答器报文数据接收及解析、轨道电路信息接收及解析、无线通信报文接收及解析、超速防护曲线计算、列车运行安全监控、人机交互、工作模式转换等。车载仿真子系统界面如图 5-9 所示。

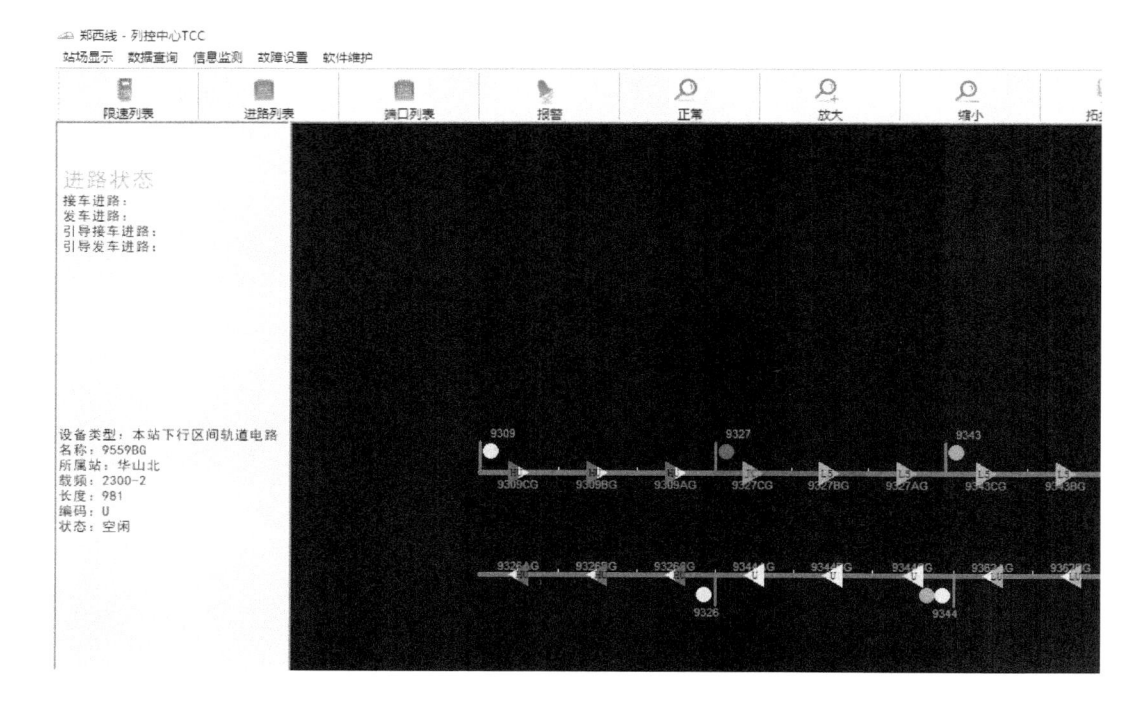

图 5-8　列控中心仿真子系统界面

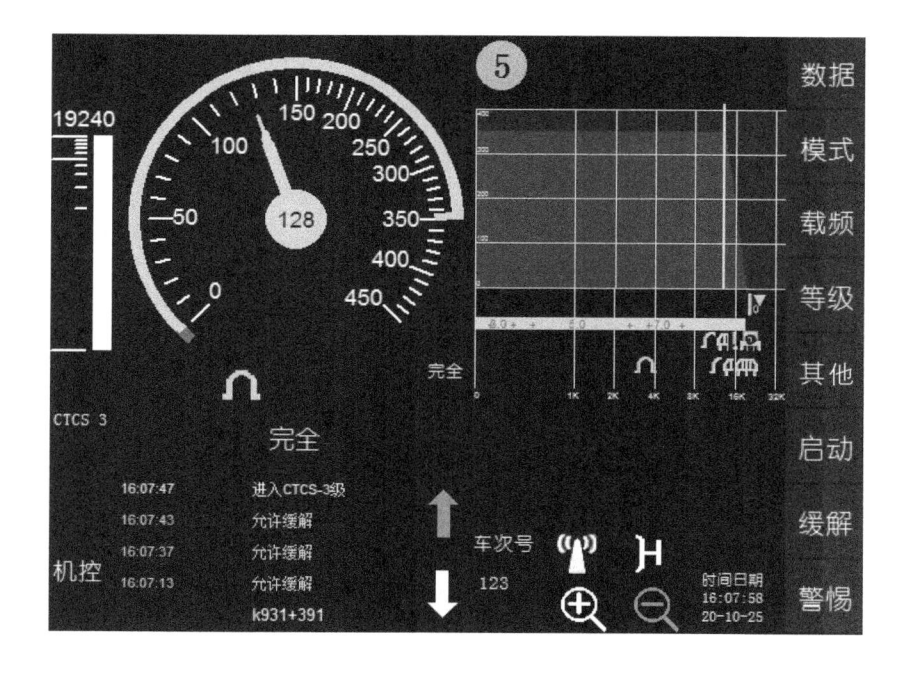

图 5-9　车载仿真子系统界面

5.3 实验 5-1：列车启动运行

5.3.1 实验目的

1．了解列车人工的启动过程，掌握车载仿真子系统和地面仿真子系统的连接方式等。

2．了解列车车次号及司机号的使用情况等。

5.3.2 实验设备

CTCS-3 级列控仿真实验系统。

5.3.3 实验内容

1．实验操作

步骤一： 列车激活。

首先启动 CTCS-3 级列控仿真实验系统程序，包括地面仿真子系统和车载仿真子系统；然后在车载仿真子系统界面中单击上电菜单，记录 DMI 的显示情况。此时车载显示驾驶室未激活，速度为 0，如图 5-10 所示。

步骤二： 驾驶台初始化。

驾驶台上电完成后，单击司机驾驶台界面的启动列车菜单，选择初始化。弹出设置列车位置界面的菜单，用于将列车的初始位置在地面仿真子系统中显示出来；输入列车起始位置后，单击"确定"按钮，如图 5-11 所示。

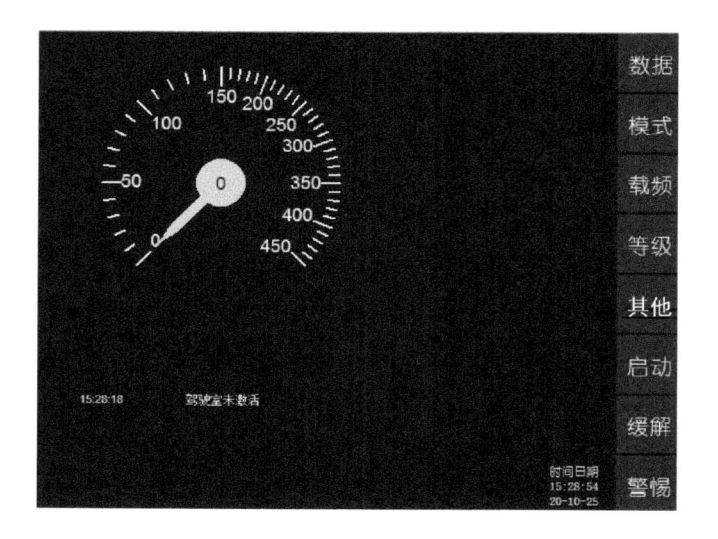

图 5-10 车载未激活

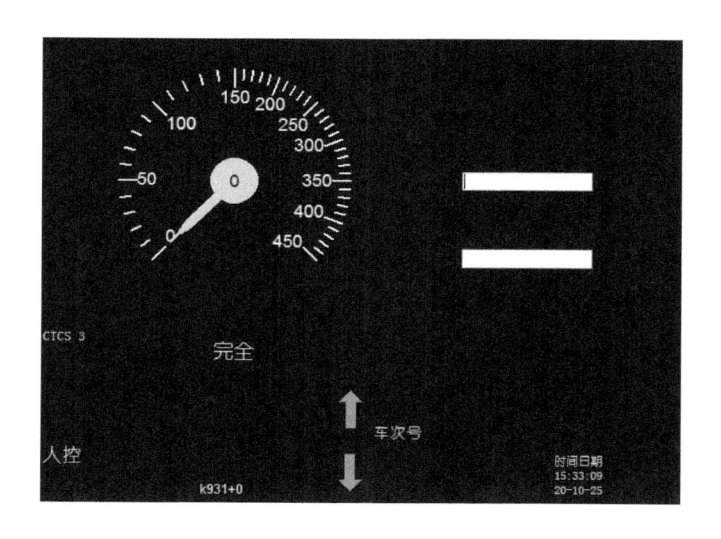

图 5-11 车载初始化

步骤三：司机号和车次号。

手动输入司机号和车次号，输入过程中可通过 F4（向上）、F5（向下）按键或鼠标单击切换输入框。当输入有误时，可按 F7 键（删除）重新输入，确认无误后按 F6 键（确定）。注意：当司机号或车次号只要有一个为空时，则不允许通过"确定"按钮进入下一步操作。输入司机号和车次号如图 5-12 所示。

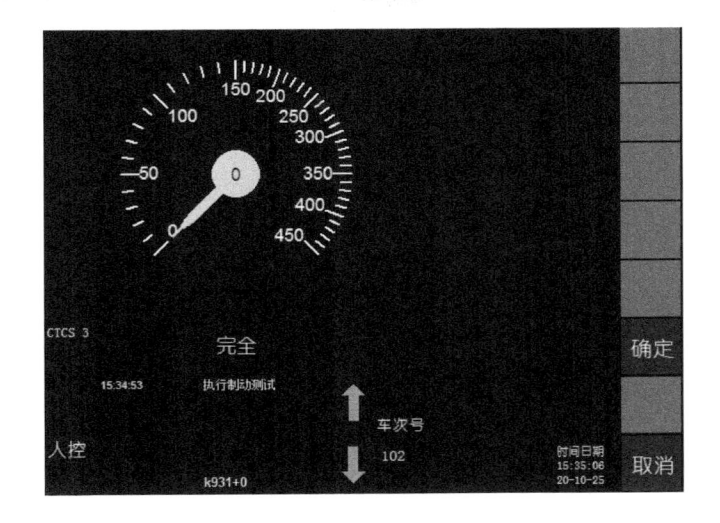

图 5-12　输入司机号和车次号

步骤四：制动测试。

完成执行制动测试的功能，按 F6 键（确定）则直接开始执行。按 F8 键（取消）进入主菜单，然后单击"其他"按钮进入功能按钮子菜单界面，此时可单击 F1 键（制动测试）再次进入执行制动测试界面完成测试功能。若按 F8 键（取消），则返回 DMI 主菜单，需按 F5 键（其他）进入子菜单选择制动测试。注意：车载仿真子系统若要完成启动功能，则必须执行制动测试。制动测试功能如图 5-13 所示。

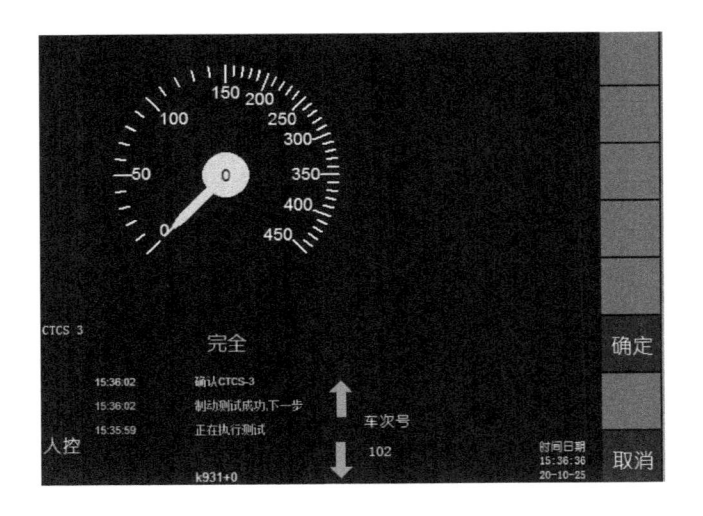

图 5-13　制动测试功能

步骤五：运行等级设定。

确认运行等级，默认为 CTCS-3 等级，按 F6 键（确定）则进入下一步，也可按 F8 键（取消）进入等级选择的界面修改运行等级。DMI 自动进入 RBC 数据输入界面，如图 5-14 所示。

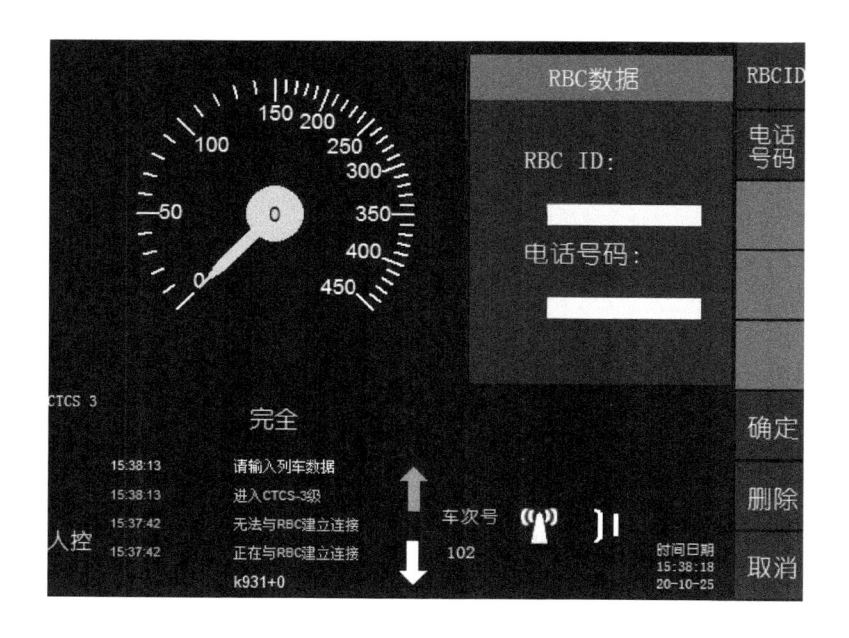

图 5-14　RBC 数据确认界面

步骤六：输入 RBC 数据。

按 F1 键（RBC ID）进入输入界面，输入"1111"；按 F6 键（确定）返回 RBC 数据界面；按 F2 键（电话号码）进入输入界面，此处应输入所连接 RBC 的 IP 地址；按 F6 键（确定）返回 RBC 数据界面；按 F6 键（确定）完成操作。若需重新输入数据，按 F7 键（删除）清除所有数据；若需取消输入，可按 F8 键（取消）返回"数据"菜单的子菜单界面，通过 F7 键（RBC 数据）菜单可再次进入 RBC 数据输入界面完成 RBC 连接功能。注意：若 RBC 数据输入不完全或者输入有误，则无法建立与 RBC 的连接。记录 DMI 的显示情况（查找本组 RBC 的 IP 并输入），并记录列车在无线闭塞中心仿真子系统中的注册情况（与 RBC 连接成功后，返回主菜单界面，下一步应设置"列车数据"信息）。

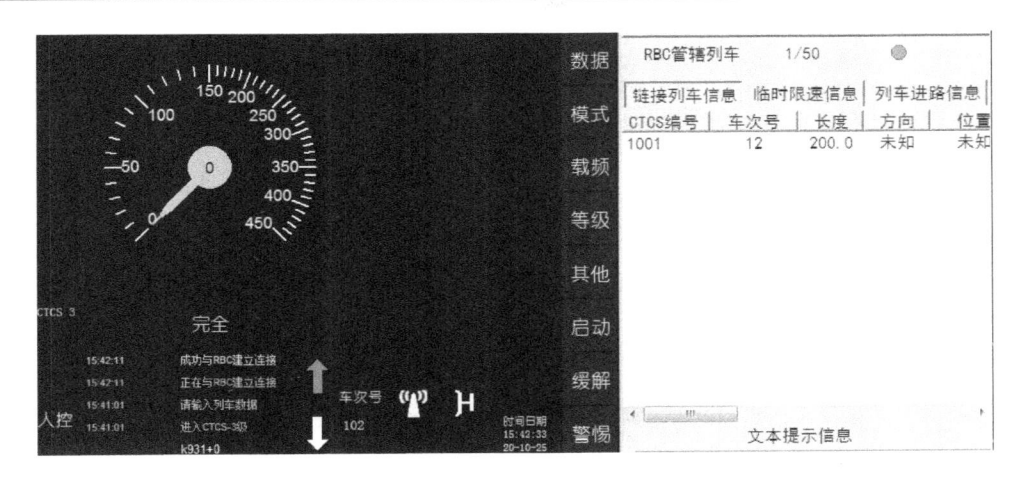

图 5-15　RBC 数据输入并记录

步骤七：设置列车数据信息。

在主菜单界面下，首先按 F1 键（数据）进入子菜单，然后按 F3 键（列车数据）进入选择列车长度的界面，8 辆（F1）或 16 辆（F2）；设置载频信息，在主菜单界面下，首先按 F3 键（载频）进入载频选择界面，然后选择上行（F1）或下行（F2），按 F6 键（确认）完成设置。列车数据信息设置如图 5-16 所示。

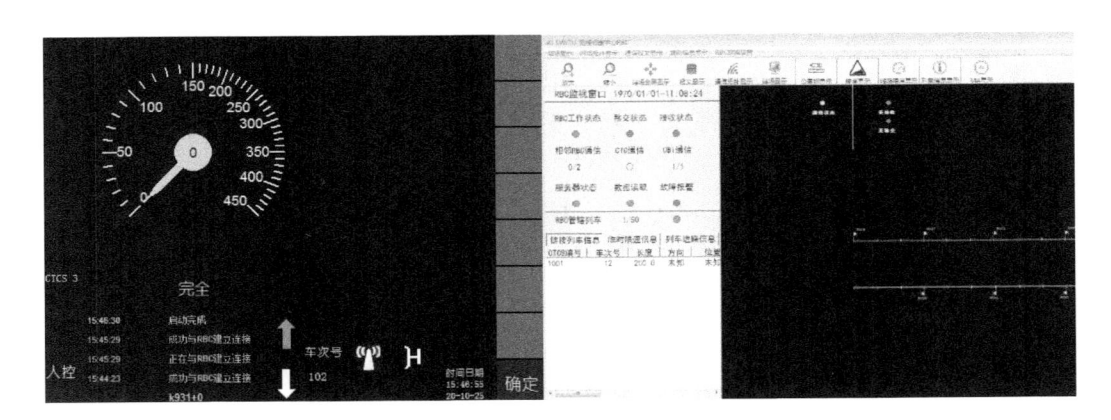

图 5-16　列车数据信息设置

步骤八：进行系统启动功能操作。

在主菜单界面下按 F6 键（启动）进入系统启动界面，再次按 F6 键（确认）完成启动操作，制动模式为待机模式，控制模式为人控，如图 5-17 所示。

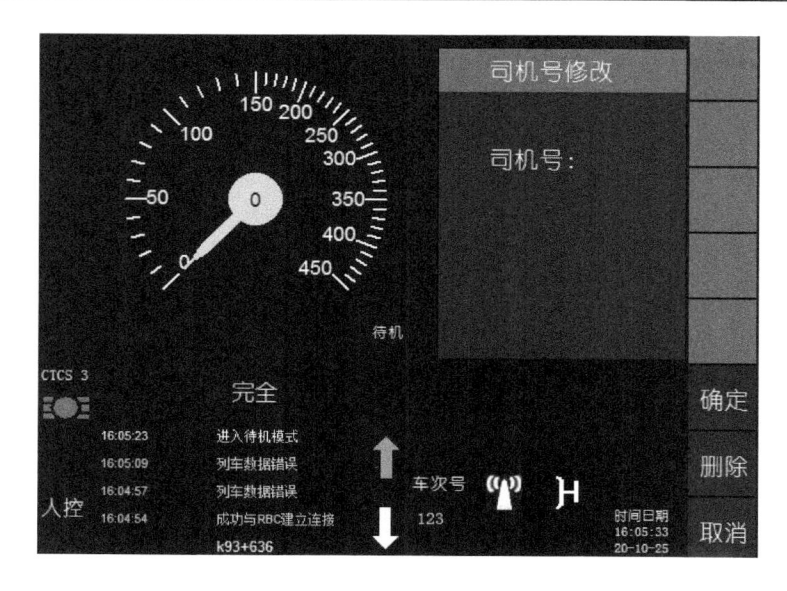

图 5-17 列车启动功能操作

步骤九：进行缓解操作。

在主菜单界面下，首先按 F7 键（缓解）进入允许缓解确认界面，然后按 F6 键（确认）完成缓解操作，制动模式为部分监控模式，随着列车前进接收到完整报文，如图 5-18 所示。

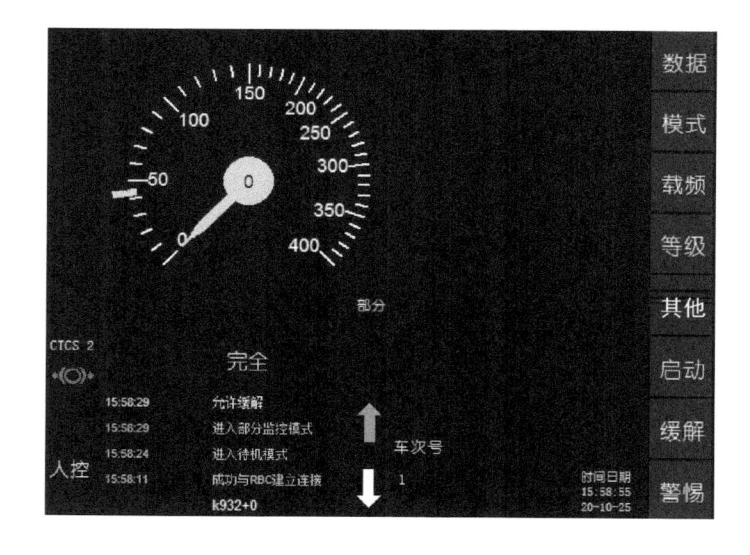

图 5-18 列车进行缓解操作

步骤十：进入完全监控模式。

进入完全监控模式的时机是收到第一个区间的应答器报文和轨道电路编码。最大常用制动触发时机是速度为 350km/h、接收到 LU 轨道电路编码时，允许缓解时机是速度为零时。列车进入完全监控模式如图 5-19 所示。

至此，列车启动过程全部完成，列车进入正常运行阶段。

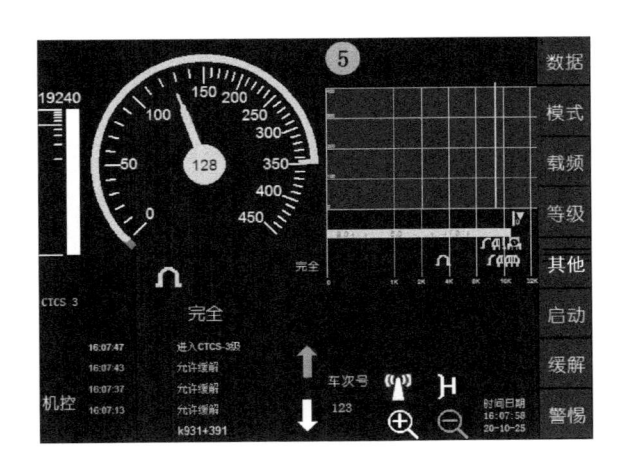

图 5-19　列车进入完全监控模式

2．课内外问题

（1）如果不执行列车制动测试，列车启动的步骤能否执行？

（2）列车的车次号和司机号有什么规则？

5.4　实验 5-2：列车区间运行及进出站

5.4.1　实验目的

1．掌握列车区间运行及两车追踪运行的情况，了解该场景中列控系统各子系统的工作过程。

2. 掌握列车进出站及通过进路的情况，了解该场景中列控系统各子系统的工作过程。

5.4.2 实验设备

CTCS-3 级列控仿真实验系统。

5.4.3 实验内容

1. 实验操作

步骤一：无进路情况下单车运行。

首先按照实验 5-1 的方式加载并正常启动一单机列车，使其进入完全监控模式。同时，地面仿真子系统中的调度中心仿真子系统、无线闭塞中心仿真子系统、车站联锁仿真子系统、列控中心仿真子系统、轨旁设备模拟子系统的界面也要根据列车的运行情况做相应的变化。单车运行时的车载界面如图 5-20 所示，单车运行时的 RBC 界面如图 5-21 所示。

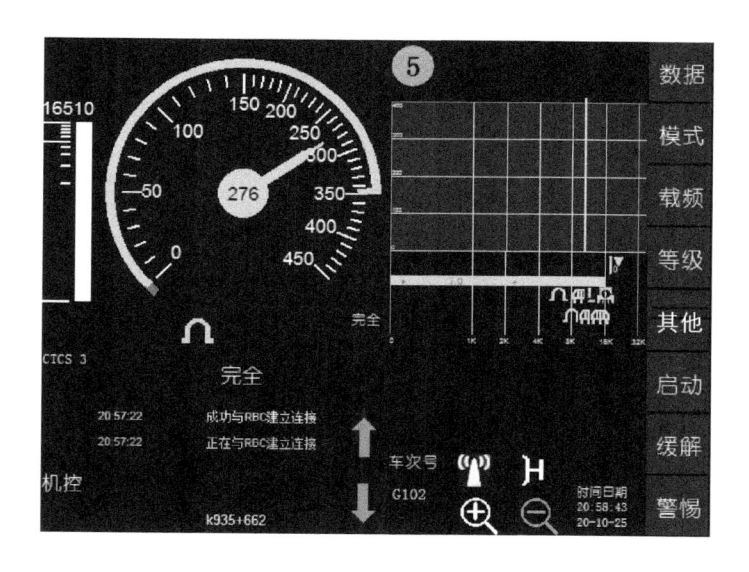

图 5-20 单车运行时的车载界面

第 5 章 CTCS-3 级列控系统仿真实验

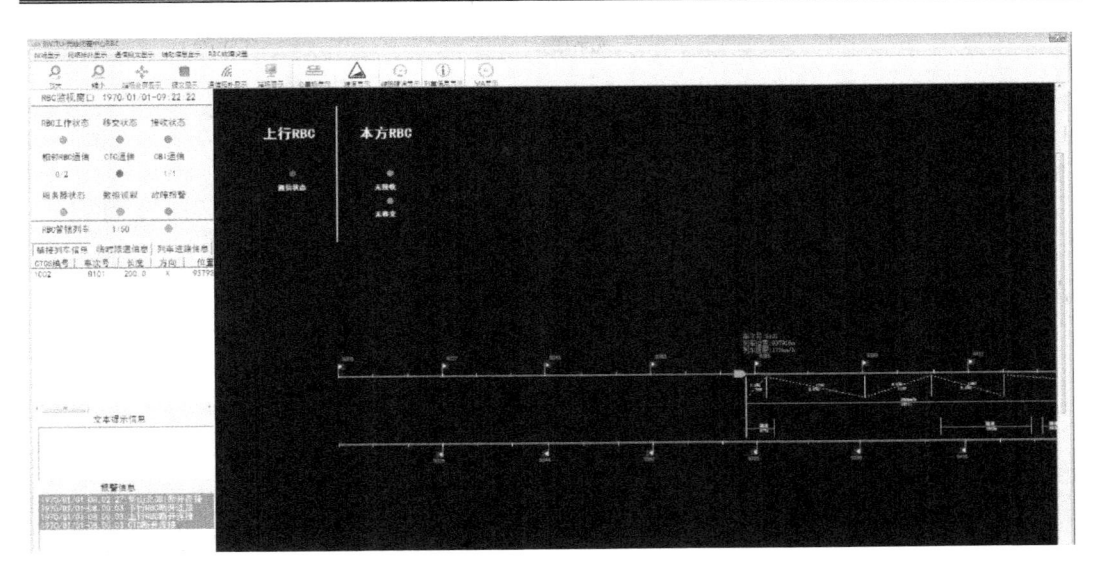

图 5-21 单车运行时的 RBC 界面

步骤二：无进路情况下两车追踪。

首先按照实验 5-1 的方式加载第二辆列车，注意与第一辆列车保持一定的距离（至少大于 5 个闭塞分区长度），并正常启动，进入完全监控模式。同时，地面仿真子系统中的调度中心仿真子系统、无线闭塞中心仿真子系统、车站联锁仿真子系统、列控中心仿真子系统、轨旁设备模拟子系统的界面也要根据列车的运行情况做相应的变化。两车追踪时的轨旁子系统界面如图 5-22 所示，两车追踪时的联锁界面如图 5-23 所示，两车追踪时列控中心界面如图 5-24 所示。

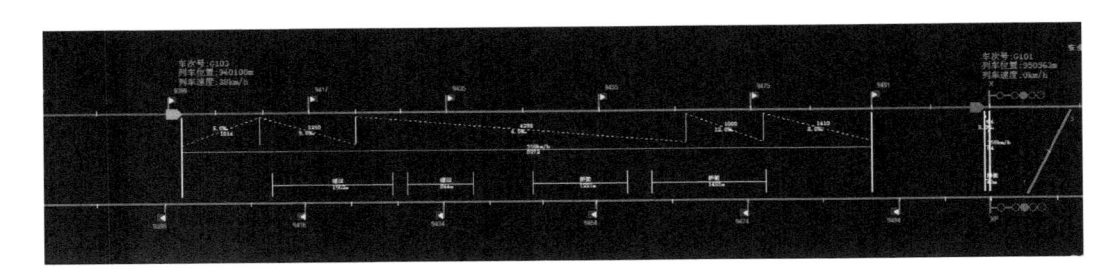

图 5-22 两车追踪时的轨旁子系统界面

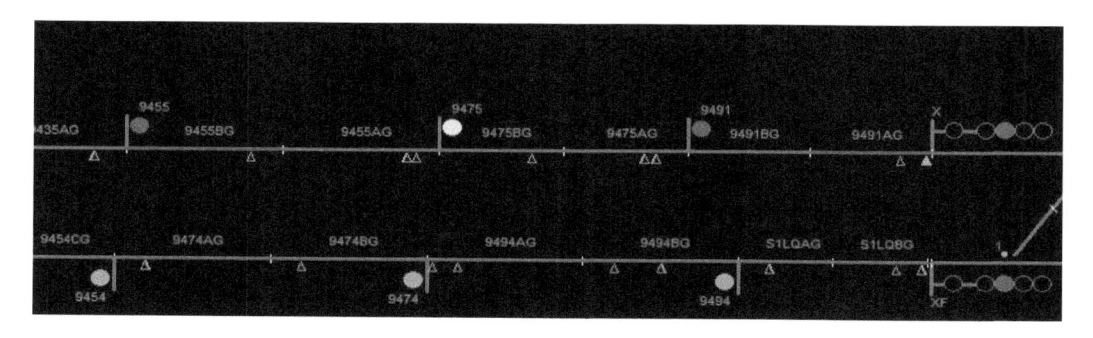

图 5-23　两车追踪时的联锁界面

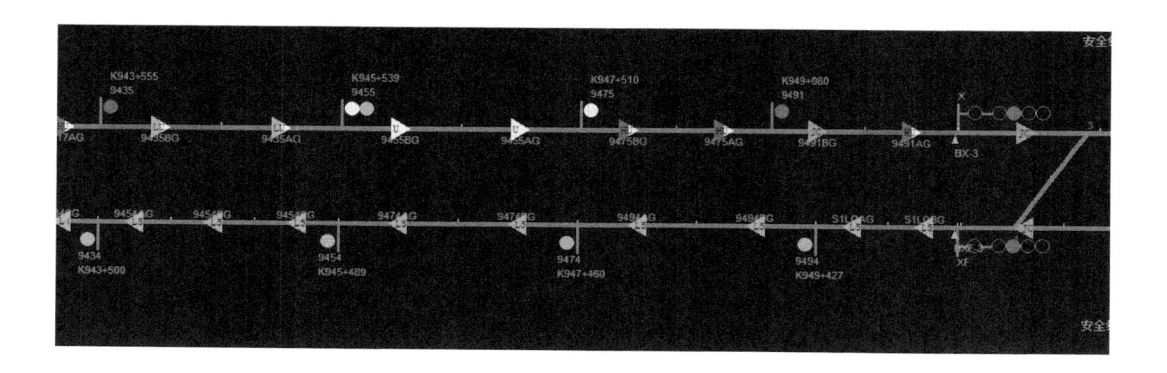

图 5-24　两车追踪时的列控中心界面

步骤三：接车进路。

观察现有两列列车的位置，在其运行前方的车站办理下行接车进路（正线和侧线均可），进路办理通过车站联锁仿真子系统完成。车载仿真子系统在完全监控模式下控制列车进站并在股道停稳。办理接车进路时的 RBC 界面如图 5-25 所示，办理接车进路时的联锁界面如图 5-26 所示，办理接车进路时的列控中心界面如图 5-27 所示。

步骤四：发车进路。

基于步骤三，停放在股道上的列车准备发车。在车站联锁仿真子系统上办理下行发车进路，车载仿真子系统在完全监控模式下控制列车出站并完全出清进路。办理发车进路时的轨旁子系统界面如图 5-28 所示，办理发车进路时的联锁界面如图 5-29 所示，办理发车进路时的列控中心界面如图 5-30 所示。

第 5 章　CTCS-3 级列控系统仿真实验

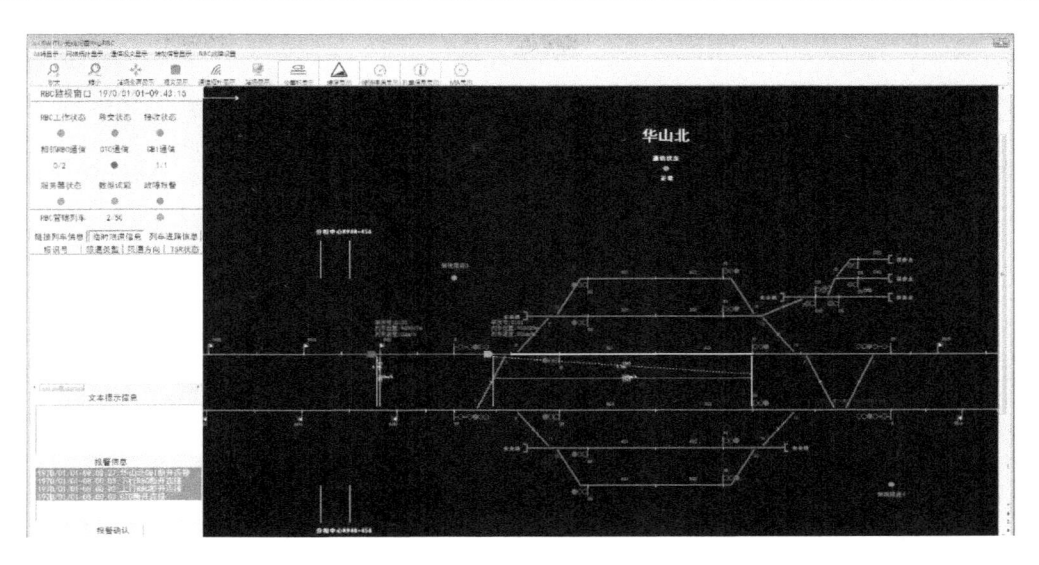

图 5-25　办理接车进路时的 RBC 界面

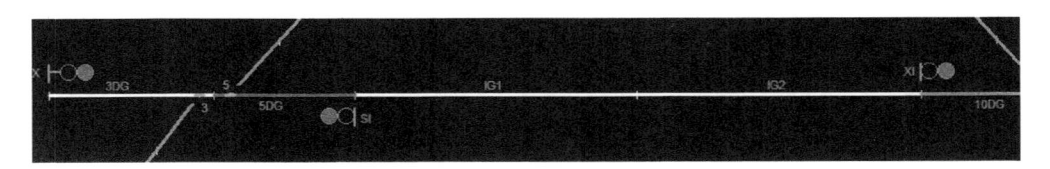

图 5-26　办理接车进路时的联锁界面

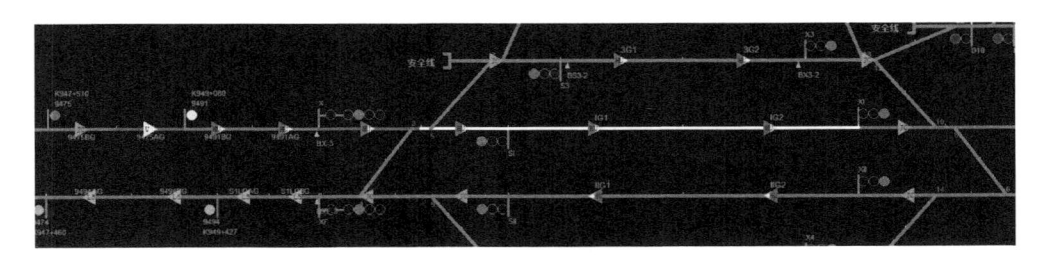

图 5-27　办理接车进路时的列控中心界面

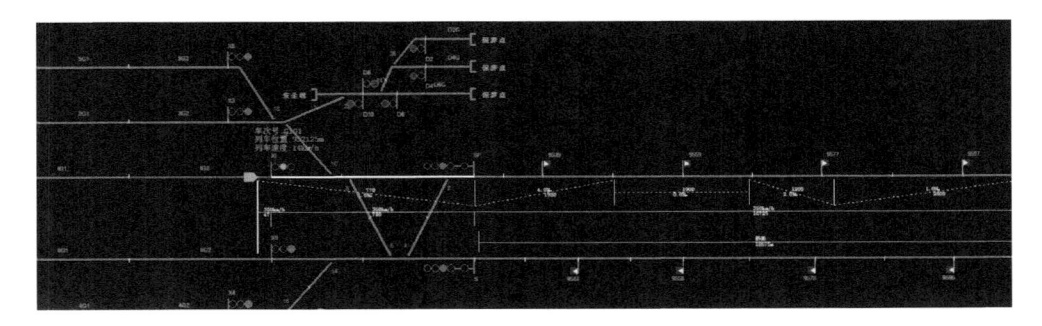

图 5-28　发车进路时的轨旁子系统界面

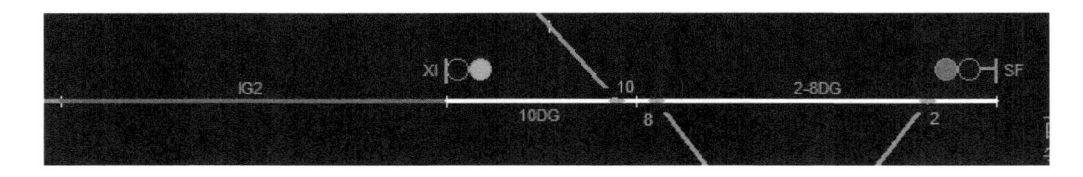

图 5-29 发车进路时的联锁界面

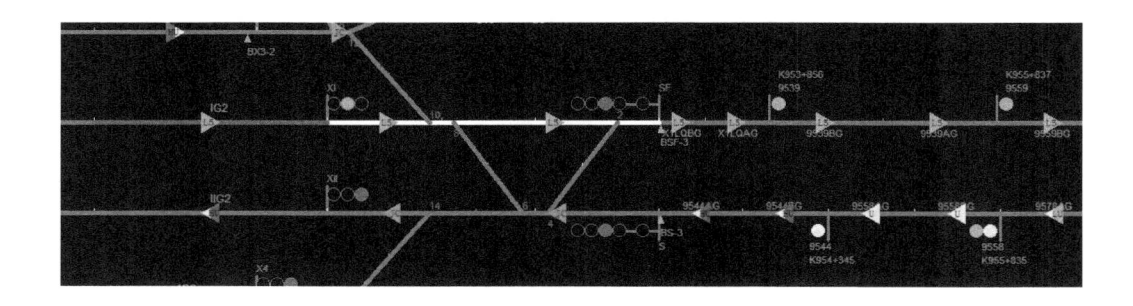

图 5-30 发车进路时的列控中心界面

步骤五：通过进路。

观察现有两列列车的位置，在其运行前方的车站办理通过进路（先办理正线发车进路，再办理正线接车进路），车载仿真子系统在完全监控模式下控制列车通过正线进路。通过进路时的轨旁子系统界面如图 5-31 所示，通过进路时的联锁界面如图 5-32 所示，通过进路时的列控中心界面如图 5-33 所示。

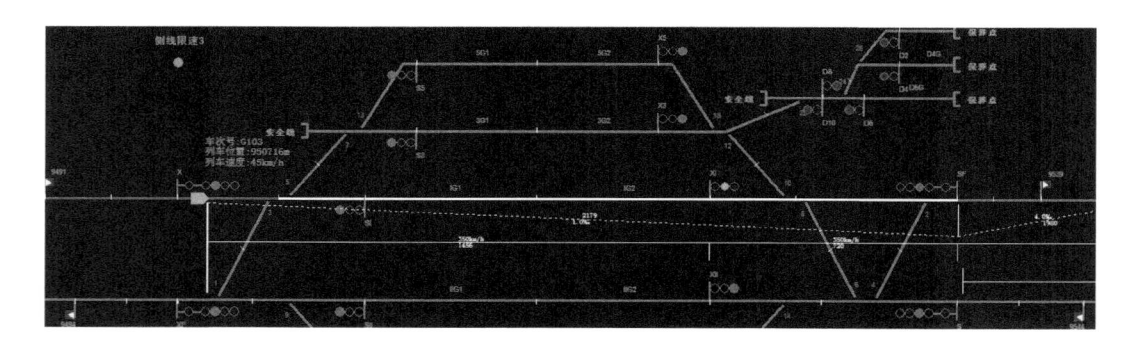

图 5-31 通过进路时的轨旁子系统界面

图 5-32 通过进路时的联锁界面

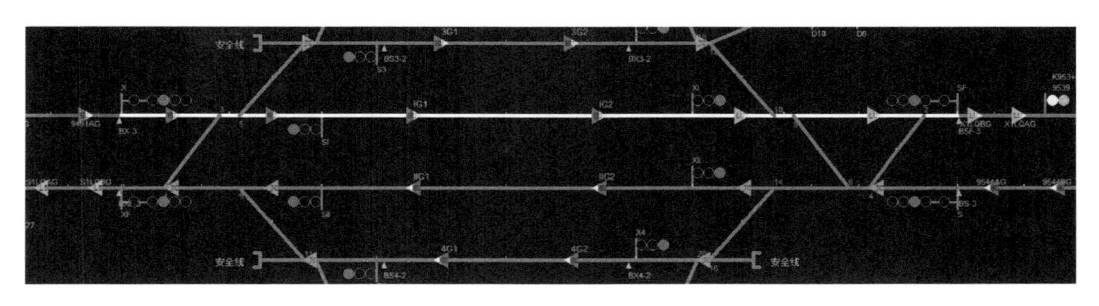

图 5-33 通过进路时的列控中心界面

2．课内外问题

（1）列车区间运行时，除运行方向的前车外，还有什么可能的障碍物会影响其正常运行？列控系统遇到这些情况会如何处理？

（2）列车接发车进路的选排受到哪些因素的影响？

5.5 实验 5-3：CTCS-3 级故障场景实验

5.5.1 实验目的

1．熟悉"区间轨道非正常占用"和"CTCS-3 级列控系统降级"故障场景。
2．掌握列控系统在典型故障场景下的处理过程。

5.5.2 实验设备

CTCS-3 级列控仿真实验系统。

5.5.3 实验内容

1．实验操作

步骤一：区间轨道非正常占用-本区段内轨道电路故障。

列车在下行起点处的防护区段内运行，列车所在闭塞分区轨道电路故障，即当列车驶入 35G1、35G2 时，其轨道电路通过轨旁设备模拟子系统被设定为故障，如图 5-34 所示。此时，列车正常运行至下一区段，本区段仍不解锁。

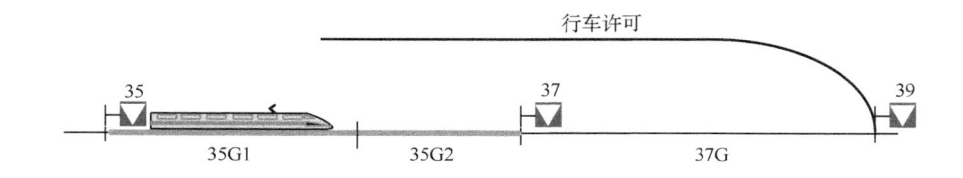

图 5-34　本区段内轨道电路故障

步骤二：区间轨道非正常占用-进路前方轨道电路故障。

设置列车运行前方轨道电路故障，如列车占用 35G，通过轨旁设备模拟子系统设置 39G 故障，如图 5-35 所示。此时，列车将运行至故障区段前方制动停车。

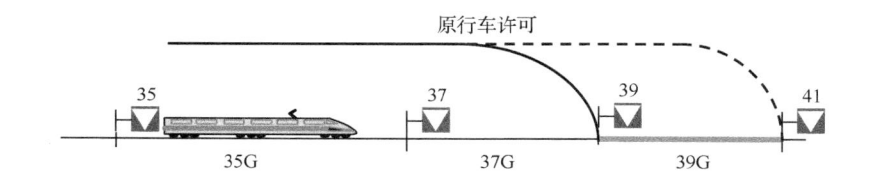

图 5-35　进路前方轨道电路故障

步骤三：区间轨道非正常占用-通过故障区段。

设置列车运行前方轨道电路故障，如 37G 故障，列车在故障点前方停车（见图 5-36），控制列车车载仿真子系统以目视行车模式通过故障区段。

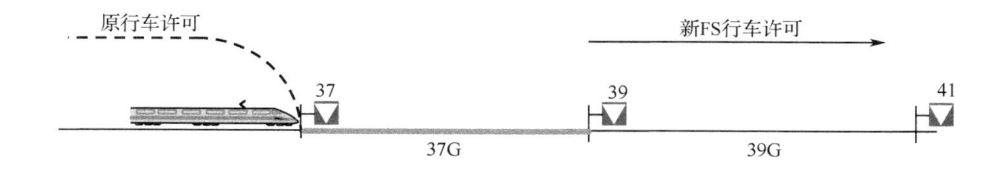

图 5-36　进路前方轨道电路故障

步骤四：CTCS-3 级列控系统降级-设置应答器故障。

设置列车运行前方连续两组应答器故障"信息无法发送"（非定位应答器），

列车运行状态不会发生变化。

步骤五：CTCS-3 级列控系统降级-设置 RBC 故障。

观察并记录系统降级运行情况，在无线闭塞中心仿真子系统中设置 RBC 通信连接全部断开，列控系统控制等级由 CTCS-3 级转向 CTCS-2 级。

步骤六：CTCS-3 级列控系统降级-CTCS-2 级下列车运行情况。

系统进入 CTCS-2 控制等级后，观察并记录应答器（轨旁设备模拟子系统）和轨道电路编码（列控中心仿真子系统）信息，分析 CTCS-2 级下移动授权的计算过程。CTCS-2 级下的移动授权计算通过 TCC 与联锁通信获得进路信息，与轨道电路通信获取占用信息，目标距离提供移动授权凭证。

步骤七：CTCS-3 级列控系统降级-列车输出紧急制动。

再次设置列车运行前方连续两组应答器故障"信息无法发送"（非定位应答器），观察记录列车输出了紧急制动。

2．课内外问题

（1）CTCS-3 级列控系统和 CTCS-2 级列控系统的移动授权计算方法有何不同？

（2）列车输出紧急制动的场景有哪些？

第 6 章

高铁列车自动运行虚拟仿真实验

第6章 高铁列车自动运行虚拟仿真实验

高铁列车自动运行虚拟仿真实验主要针对高铁列车自动驾驶（Automatic Train Operation，ATO）技术开展实验教学，培养学生对列车牵引计算、ATO 运行典型场景灵活应用的实践能力。本章包含 1 个实验，涉及高铁列车 ATO 系统的牵引计算、进出站、区间运行、临时限速等内容。

6.1 实验原理

高铁列车自动驾驶技术涉及的知识点包括列车模型、牵引力/运行阻力/制动力分析、列车工况分析、列车运行过程、能耗计算、牵引策略分析等。

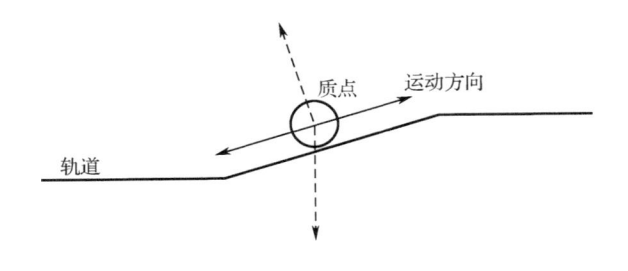

6.1.1 单质点列车模型

单质点列车模型是一种简化模型。在列车物理受力分析时将列车整体视为单一质点（忽略外形和长度），所有外力均作用在质点上；与运行方向平行的合力会导致列车处于不同的运动状态，如图 6-1 所示。此时，所有外力作用简化在质点上，列车力学分析主要考虑与列车运行紧密相关的牵引力、运行阻力、制动力等。

图 6-1 单质点列车模型

6.1.2 牵引力

牵引力由机车上的能量转换设备产生，并可按需求人为控制大小，其平行且同向于列车运行前进方向。

1. 牵引力的形成

牵引力产生的条件有两个：一是有将电能或燃油化学能等转化为动能的装置，如动车牵引电机；二是列车的动轮轮面必须与钢轨表面有接触，并产生摩擦力。

如图 6-2 所示，列车动轮在电动机和机械传动装置产生的转动力矩 M 的作用下，产生一个与前进方向相反的作用力 F_1'。根据牛顿第三定律，钢轨对动轮接触面形成反作用力 F_1。由于这一对相互作用力由动轮的力矩 M 产生，它们的函数关系如下：

$$F_1 = \frac{M}{r} \tag{6-1}$$

式中，r 为动轮的计算半径。当动轮的转动力矩超过其与钢轨接触面的黏着力矩的极大值时（即 $M > F_1 \times r$），导致车轮空转或滑行，不仅影响牵引和制动性能，而且对于车轮和钢轨都有严重危害，甚至出现脱轨等重大安全事故。

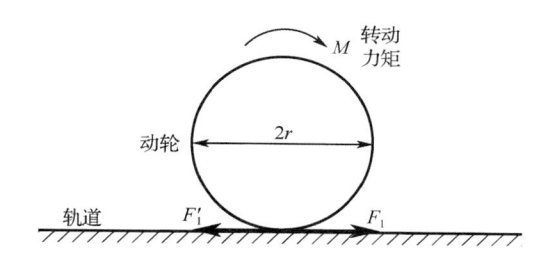

图 6-2 牵引力分析示意图

2. 牵引力的计算

牵引力一般可通过牵引特性曲线计算得到。通常，根据当前实际运行速度即可通过线性插值法从牵引特性曲线中找到对应的牵引力。

插值函数如图 6-3 所示。假设点（v_1，F_1）和点（v_2，F_2）是牵引特性曲线上给定的两点，而（v_x，F_x）是位于两点之间的待求目标（速度已知，牵引力未知）。利用线性插值算法，求解该点牵引力如下：

$$F_x = F_1 + \frac{(v_x - v_1)(F_2 - F_1)}{v_2 - v_1} \tag{6-2}$$

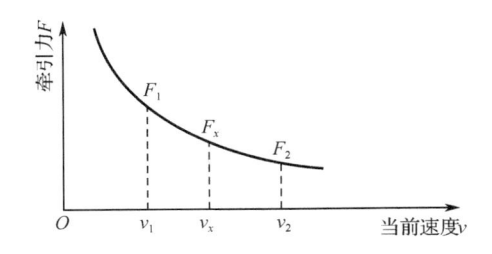

图 6-3 插值函数

进而，求解整个列车的牵引力和单位重量的牵引力，分别如式（6-3）和式（6-4）所示。

$$F_{qy} = 1000 \times j \times l \times F_x = 1000 \times j \times l \times \left[F_1 + \frac{(v_x - v_1)(F_2 - F_1)}{v_2 - v_1} \right] \quad (6-3)$$

$$F'_{qy} = \frac{F_{qy}}{(jm_j + pm_p)g} \quad (6-4)$$

式中，v_x 为列车速度（km/h）；F_x 为列车速度 v_x 对应的电机牵引力（kN）；F_{qy} 为所求点列车总的牵引力（N）；j 为列车中动车数；l 为每辆动车电机数；F'_{qy} 为所求点的单位重量牵引力（N/kN）；m_j 为每辆动车质量（t）；m_p 为每辆拖车质量（t）；p 为列车中拖车数；g 为重力加速度（m/s²）。

6.1.3 运行阻力

列车运行时与外界环境相互作用，产生与列车前进方向相反、对列车运行产生阻碍作用且难以人为控制的外力，即列车运行阻力，包括基本阻力与特定条件下的附加阻力。其中，基本阻力包括列车车辆内部一些连接零部件之间的摩擦阻力、列车运行撞击空气时接触面产生的摩擦阻力，以及车轮与钢轨之间的摩擦阻力等；附加阻力包括列车运行时轨道线路坡度起伏、线路曲率、隧道或桥梁特定线路等原因下产生的阻力。

1. 基本阻力

列车基本阻力与多种因素相关，并且列车前进过程中决定基本阻力变化的因素也异常复杂。因此，为简化计算，通常可按照经过大量牵引试验验证的经验公式进行计算，例如单位重量基本阻力计算为：

$$w_{i0} = a + bv + cv^2 \qquad (6\text{-}5)$$

式中，a、b、c 是与车辆基本型号有关的经验常数；w_{i0} 为单位重量基本阻力（N/kN）；v 为列车速度（km/h）。

2．附加阻力

附加阻力主要由外界特定线路状况而定，典型附加阻力包括坡道附加阻力 W_{ii}、曲线附加阻力 W_{ir} 和隧道附加空气阻力 W_{it}。

（1）坡道附加阻力

列车在坡道线路上运行时，受到重力沿线路下坡方向的分力作用，即为坡道附加阻力。如列车上坡，坡道附加阻力反向于列车前进方向；如果列车下坡，坡道附加阻力同向于列车前进方向。

坡道受力分析图 6-4 所示，坡道附加阻力可以表示为公式（6-6）。在实际线路中坡度夹角 θ 会设计得比较小，因此在计算时将 $\sin\theta$ 近似为 $\tan\theta$，从而可由公式（6-7）求得坡度大小。列车的单位坡道阻力由公式（6-8）计算。

$$W_i = M_g \sin\theta \qquad (6\text{-}6)$$

$$i = 1000\sin\theta \approx 1000\tan\theta \qquad (6\text{-}7)$$

$$W_{ii} = \frac{W_i}{M_g} \times 1000 = 1000\sin\theta \approx 1000\tan\theta = i \qquad (6\text{-}8)$$

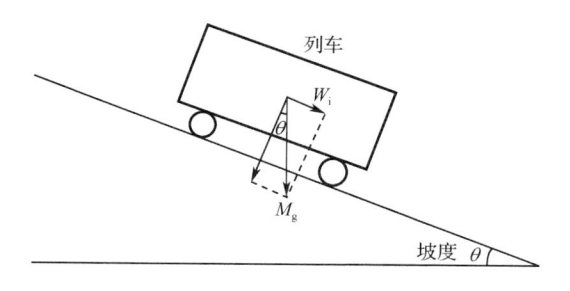

图 6-4 坡道受力分析图

式中，W_i 为坡道附加阻力（kN）；M_g 为列车所受重力（N）；i 为坡度（‰）；W_{ii} 为单位坡道阻力（N/kN）。

（2）曲线附加阻力

列车在带曲率线路上运行时外轨比内轨长，部分车轮侧面挤压曲线外钢轨产生摩擦；纵向中心线不一致，部分车轮边缘的纵横向的滑动摩擦都在增加；同时在侧向力的作用下，车辆上下转向架心盘和轴承等部分的摩擦加剧。因此，列车在弯曲线路上运行时受到的阻力增大，即为曲线附加阻力。影响曲线附加阻力的因素较多，通常采用经验公式（6-9）进行计算。在满足规定的标准轨距情况下单位曲线附加阻力的计算如公式（6-10）所示。

$$W_{ir} = \frac{C}{R} \quad (6-9)$$

$$W_{ir} = \frac{600}{R} \quad (6-10)$$

式中，C 为经验常数；R 为曲线半径（m）；W_{ir} 为单位曲线附加阻力（N/kN）。

（3）隧道附加空气阻力

列车在隧道中运行时空气流动截面积减小，空气流速提高，列车车头和车尾压力差增大，此时列车所受的空气阻力增大，即为隧道附加空气阻力。隧道线路实际条件和列车整体外形等因素对隧道附加阻力影响较大，这里同样采用经验公式（6-11）进行计算。

$$W_{it} = 0.00013 L_{it} \quad (6-11)$$

式中，W_{it} 为单位隧道附加阻力（N/kN）；L_{it} 为隧道长度（m）。

综合坡道附加阻力、曲线附加阻力和隧道附加空气阻力，列车总附加阻力计算为：

$$W_{fj} = W_{ii} + W_{ir} + W_{it} \quad (6-12)$$

3．运行阻力的计算

结合上述列车运行中各种阻力的分析，总运行阻力为基本阻力和附加阻力之和：

$$F_{zl} = (jm_j + pm_p) \cdot g \cdot (w_{i0} + w_{fj}) = (jm_j + pm_p) \cdot g \cdot \left(a + bv + cv^2 + i + \frac{600}{R}\right) \quad (6\text{-}13)$$

式中，F_{zl} 为运行阻力（N）。

6.1.4 制动力

列车制动力由专门的制动设备产生，强制控制列车向前运行的速度和距离。列车制动方式比较多，目前主要采用黏着制动方式（例如空气制动）。空气制动装置通过列车风管和制动气缸压缩空气，迫使摩擦闸片压紧车轮表面或制动盘，通过加剧摩擦来限制车轮转动，形成有效制动。在该制动方式下制动力大小恒定，不受列车运行速度影响。此外，还可以采用电制动，包括电阻制动与再生制动等方式。

与列车牵引力计算相同，制动力也可以通过制动特性曲线和线性插值法获得：

$$F_{zd} = 1000B \quad (6\text{-}14)$$

式中，F_{zd} 为列车制动力（N），参照公式（6-3）；B 为列车中动车数、每辆动车电机数量、所求点的单位重量制动力（N/kN）的相关参数。

6.1.5 列车工况分析

列车运行主要受到牵引力、运行阻力和制动力等影响，因此列车的运行状态与它们的合力息息相关。

1. 牵引工况

牵引工况下主要考虑牵引力和运行阻力，此时牵引力显著大于运行阻力，列车所受合力会产生正向加速度，前进速度会越来越大。此时所受合力 C 表示为：

$$C = F_{qy} - F_{zl} \quad (6\text{-}15)$$

式中，F_{qy} 为牵引力；F_{zl} 为运行阻力。

2. 巡航工况

巡航工况（匀速运行）下主要考虑牵引力和运行阻力，但两者大小相等、方向相反，加速度等于零，列车保持匀速行驶。此时所受合力 C 表示为：

$$C = 0 \qquad (6\text{-}16)$$

3. 惰行工况

惰行工况仅考虑运行阻力，列车不再输出牵引力和制动力等，加速度方向也就与阻力方向相同，运行阻力的方向决定列车是加速还是减速。此时所受合力 C 表示为：

$$C = -F_{zl} \qquad (6\text{-}17)$$

式中，F_{zl} 为运行阻力。

4. 制动工况

制动工况下主要考虑运行阻力和制动力，列车所受合力方向与运行方向相反，不断减速。此时所受合力 C 表示为：

$$C = -F_{zl} - F_{zd} \qquad (6\text{-}18)$$

式中，F_{zl} 为运行阻力；F_{zd} 为制动力。

虽然列车运行过程由这四种典型工况组成，但是考虑列车安全性、平稳性以及相关设备条件限制，它们之间会存在特定的切换逻辑设置，如图 6-5 所示。例如，牵引工况和制动工况之间不要直接切换，建议在其中加入惰行工况；列车转换到某个工况后需要保持一段时间再进行切换。

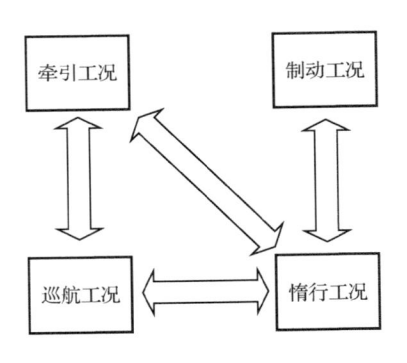

图 6-5 典型工况之间的转换

6.1.6 列车运动过程

1. 无临时限速区间计算

基于列车受力情况和运行工况,这里进一步分析列车在区间运行的整体过程,主要包括启动加速过程、中间运行过程和制动进站过程,下面将分别进行详细分析。

(1)启动加速过程

列车首先从车站出发,进入启动牵引加速的过程(ON_1 段),如图 6-6 所示。启动加速过程采用时间为计算步长,通过递推公式进行计算:

$$\begin{cases} S_{i+1} = S_i + \dfrac{(v_i + v_{i+1})\Delta t}{2} \\ v_{i+1} = v_i + \dfrac{C\Delta t}{M_h} \end{cases} \quad (6\text{-}19)$$

式中,S_i 和 S_{i+1} 为第 i 步和第 $i+1$ 步的走行距离(m);Δt 为计算步长(s);v_i 和 v_{i+1} 为第 i 步和第 $i+1$ 步的速度(m/s)。

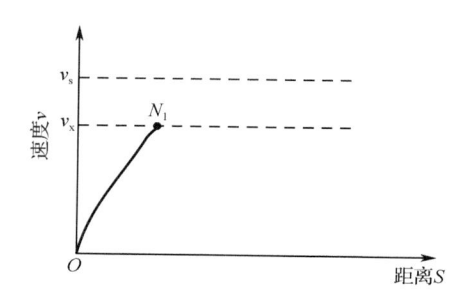

图 6-6 启动加速过程

(2)中间运行过程

中间运行过程指列车牵引达到经济速度 v_x 后到制动进站点之前的运行区间(N_1N_2 段),其间采用匀速运行,如图 6-7 所示。此时列车合力为 0,中间段速度 $v=v_x$,中间运行过程的推导公式为式(6-20)。中间运行过程的实际跟踪曲线多是围绕推荐速度曲线匀速段上下波动。

$$\begin{cases} S_{i+1} = S_i + v_{i+1}\Delta t \\ v_{i+1} = v_i = v_x \end{cases} \quad (6\text{-}20)$$

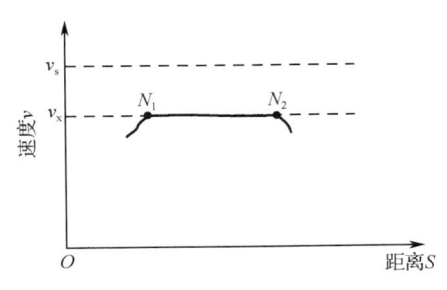

图 6-7 中间运行过程

(3) 制动进站过程

制动进站过程与牵引加速过程相似,但方向相反(由加速变为减速),运行曲线(N_2A 段)如图 6-8 所示。此时,制动过程的推导公式为式(6-21),且合力 C 为负值。制动进站的关键是寻找制动点,通常采用反向试凑方法:将制动力和阻力理解为动力进行反向推算。

$$\begin{cases} S_{i+1} = S_i + \dfrac{(v_i + v_{i+1})\Delta t}{2} \\ v_{i+1} = v_i + \dfrac{C\Delta t}{M_h} \end{cases} \quad (6\text{-}21)$$

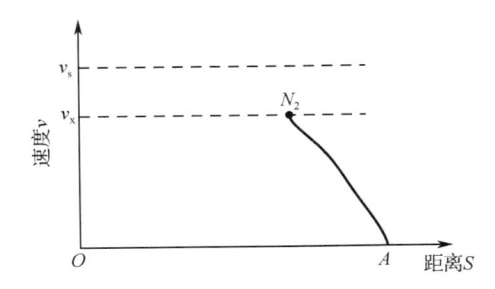

图 6-8 制动进站过程

2. 临时限速区间计算

临时限速区间运行过程可划分为限速段前计算过程、限速段计算过程和限速段后计算过程。

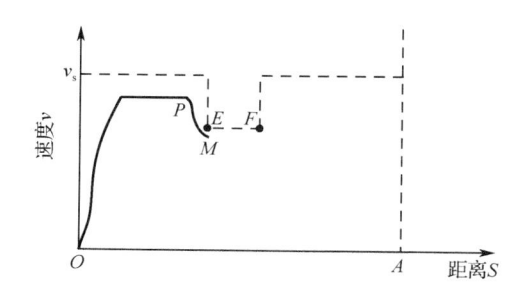

（1）限速段前计算过程

限速段前计算过程的关键是列车何时开始制动并减速至线路要求的运行速度，通常通过从限速段起点进行制动反算来实现。限速段前计算过程如图 6-9 所示。

图 6-9　限速段前计算过程

① EF 段采用的策略是低于其限速速度（如 2km/h）运行，因此从 M 点进行制动反算达到预设的经济速度并计算出制动起点 P，并保存 M 点至 P 点的 $v\text{-}S$ 数据到数组 list1 中。

② 计算出制动起点 P 后，进一步计算从起点 O 运行至 P 点的轨迹曲线；$O\text{-}P$ 策略是先牵引运行，再匀速运行至制动起点，并保存 O 点至 P 点的 $v\text{-}S$ 数据到数组 list2 中。

③ 将数组 list2 中的数据添加到数组 list1 中，获得限速段前计算轨迹曲线 OM 的 $v\text{-}S$ 数据。

（2）限速段计算过程

限速段计算过程与匀速区段类似，其运行曲线如图 6-10 所示。M 点至 N 点匀速运行，计算 $v\text{-}S$ 数据并存入数组 list3。

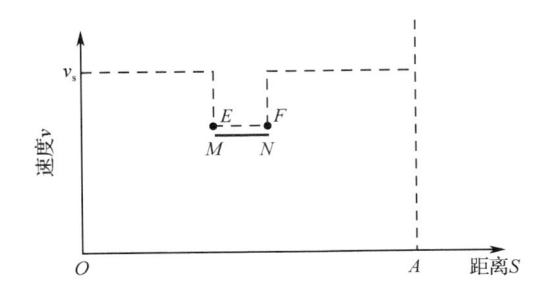

图 6-10 限速段运行过程

（3）限速段后计算过程

限速段后计算过程的核心是制动进站过程，即计算制动进站点。同样，采用制动反算方法，限速段后计算过程如图 6-11 所示。

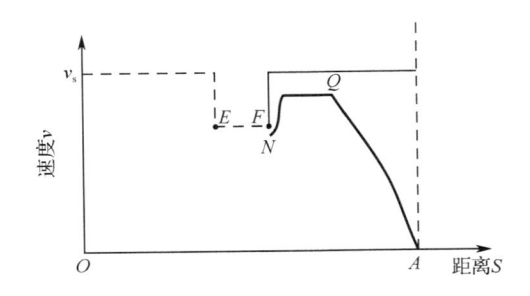

图 6-11 限速段后计算过程

① 从区间终点 A 进行制动反算达到预设的经济速度，计算出进站制动点 Q，并保存 A 点至 Q 点的 v-S 数据到数组 list4 中。

② 计算出制动点 Q 后，从限速段终点 N 开始，采用先牵引再匀速的策略计算至 Q 点，并保存 N 点至 Q 点的 v-S 数据到数组 list5 中。

③ 将数组 list4 中的数据添加到数组 list5 中，获得限速段后计算轨迹曲线 N 至 A 点的 v-S 数据。

④ 将先前计算的 list1 中 OM 曲线数据、list3 中 MN 曲线数据与 list5 中 NA 曲线数据拼接，从而获得整个区间完整的 v-S 数据。

6.1.7 运行能耗计算

列车运行能耗是运输成本的核心部分，是实现节能减排和国家"双碳"目标的核心环节。列车运行过程中通过受电弓从沿线电网中获取电能，并将其转化为动能或其他能量。在此过程中，列车能耗 Q 主要包括牵引运行耗电量 Q_q 和辅助耗电量 Q_z 两部分：

$$Q = Q_q + Q_z \quad (6\text{-}22)$$

这里，能耗和耗电量的单位都为千瓦时（kW·h），并且 Q_q 和 Q_z 可通过式（6-23）和式（6-24）计算。

$$Q_q = \frac{U \sum (I \cdot \Delta t)}{1000 \times 3600} \quad (6\text{-}23)$$

$$Q_z = \frac{U I_z \sum \Delta t}{1000 \times 3600} \quad (6\text{-}24)$$

式中，U 为受电弓电压（V）；I、I_z 为有功电流（A）；Δt 为计算步长（s）；$\sum \Delta t$ 为运行时长。进而，列车运行能耗公式推导可改写为：

$$Q = \frac{U \left[\sum (I \cdot \Delta t) + I_z \sum \Delta t \right]}{1000 \times 3600} \quad (6\text{-}25)$$

6.1.8 牵引策略分析

当在不同牵引策略下控制列车运行时，列车将处于不同的工况序列，从而得到不同的运行参数。列车实际运行状态比较复杂，为了简化计算，可按照实际需要建立专门的牵引策略。下面介绍三种典型的牵引策略：节时策略、节能策略和综合策略，如图 6-12 所示。

1. 节时策略

节时策略追求最短区间时间运行，尽可能发挥列车最大牵引力和最大制动力，通常面向最大化列车运力等场景。列车牵引至速度上限 v_s 后限速匀速行驶，最后采用最大制动力减速进站,如图 6-12 中 OM_1M_2A 运行曲线所示。

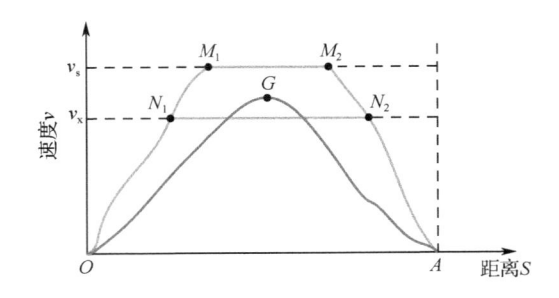

图 6-12 典型牵引策略示意图

2. 节能策略

节能策略追求更低能耗,先用最大牵引力加速至一个较为经济的速度 v_x,然后保持匀速运行,最后惰行制动进站,如图 6-12 中 ON_1N_2A 运行曲线所示。

3. 综合策略

综合策略即综合考虑节能策略和节时策略,同时兼顾短区间运行时间和低能耗。在列车加速和减速的阶段,设置加减速和冲击的限制,满足旅客舒适度要求;同时,列车运行到经济速度后尽量采用匀速行驶,以此减少消耗,如图 6-12 中 OGA 运行曲线所示。

4. 临时限速时运行策略

临时限速的区间,列车先按节能策略正常运行,到达限速段 EF 前,运行速度通过制动降低至略低于临时限速值;限速段内采用匀速运行,离开限速段后,仍然按照节能策略正常运行至区间终点。如图 6-13 中 $OMNA$ 运行曲线所示。

综上所述,实际运行过程中需针对不同需求采用不同的牵引策略和计算模型。本书在计算 ATO 推荐速度曲线时,优先考虑节能策略,以尽量减少能耗。

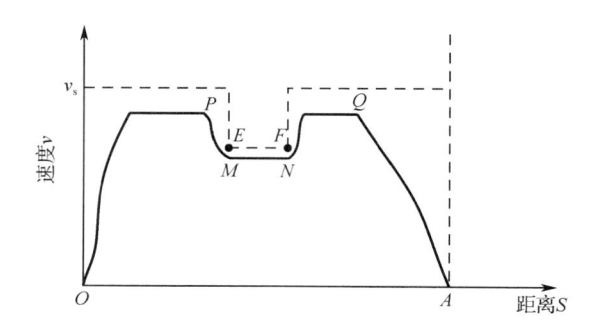

图 6-13　临时限速牵引策略

6.2　实验系统介绍

高铁列车自动运行虚拟仿真实验系统的架构如图 6-14 所示，主要包括主程序界面、数据输入模块、仿真计算模块和结果输出模块，该系统模拟西成高铁的成都东-石板滩段线路现场环境，基于 B/S 架构并采用 Unity 工具开发而成。

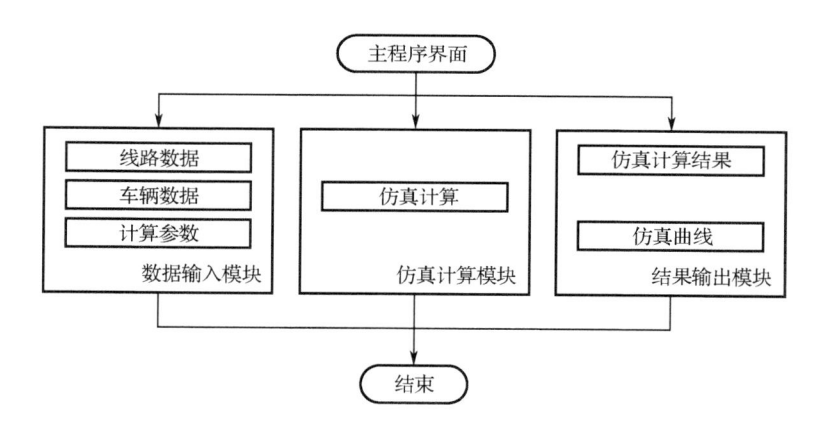

图 6-14　高铁列车自动运行虚拟仿真实验系统的架构

该系统具有离线单机版和在线网络版两种接入方式。离线单机版登录界面如图 6-15 所示。

第 6 章　高铁列车自动运行虚拟仿真实验

图 6-15　离线单机版登录界面

接入实验系统后，通过多个模块简介了解实验系统的使用和操作流程。实验系统界面分为三部分：上半部分左侧是速度-距离模式曲线，反映实验过程中的列车走行；上半部分右侧是列车运行过程中的驾驶室实景；下半部分是 CTC 监控界面，反映列车及地面轨旁设备的状态，如图 6-16 所示。

开始实验后，列车在不同工况和不同场景中运行，在列车出站、加速、巡航、惰行、制动等多个关键环节均应要求按照工作原理和实际工况进行计算。当列车运行到一定位置时，系统会暂停等待输入列车的自动运行数据。如果输入正确，则列车会向前继续运行；如果输入错误，则系统会提示正确的结果，然后列车继续向前运行。

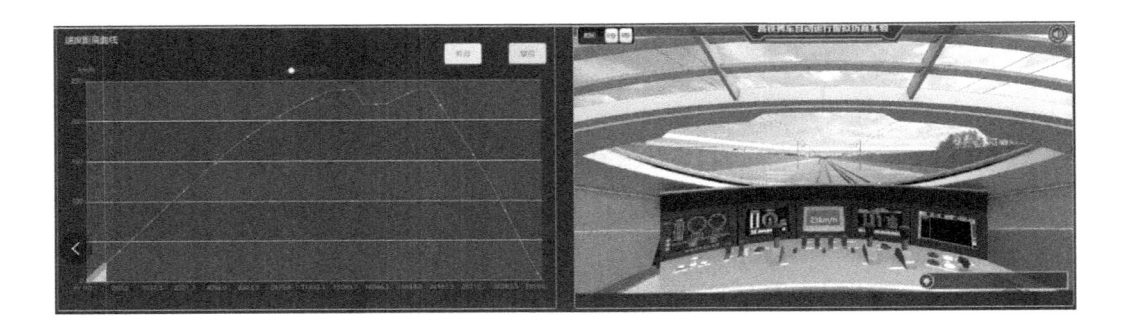

图 6-16　实验系统模块简介

6.3 实验 6-1：高铁列车自动运行虚拟仿真实验

6.3.1 实验目的

1．掌握高铁列车牵引计算的理论与方法。

2．掌握高铁列车牵引、巡航、临时限速、惰行、制动等工况的基本原理。

3．掌握高铁列车自动运行的基本算法和智能化自动驾驶流程。

4．培养节能环保意识。

6.3.2 实验设备

1．高铁列车自动运行虚拟仿真实验系统。

2．Windows10 及以上版本的计算机与 Internet 访问环境。

6.3.3 实验内容

1．实验操作

在观看教学视频后，单击"虚拟实验操作"进入实验系统（见图 6-17），单击"欢迎"按钮进入实验系统。

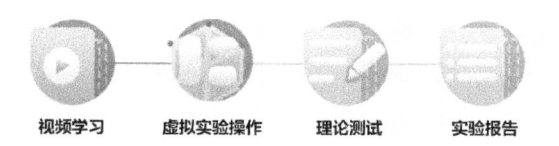

图 6-17 由"虚拟实验操作"进入实验系统

第 6 章　高铁列车自动运行虚拟仿真实验

步骤一：选择高铁列车车型和线路数据。

根据提示，进入高铁列车运行驾驶室实景，选择高铁车型（CRH380A、CRH380B、CRH380C），选择模拟的高铁线路（西成高铁，成都东-石板滩段），如图 6-18 所示。

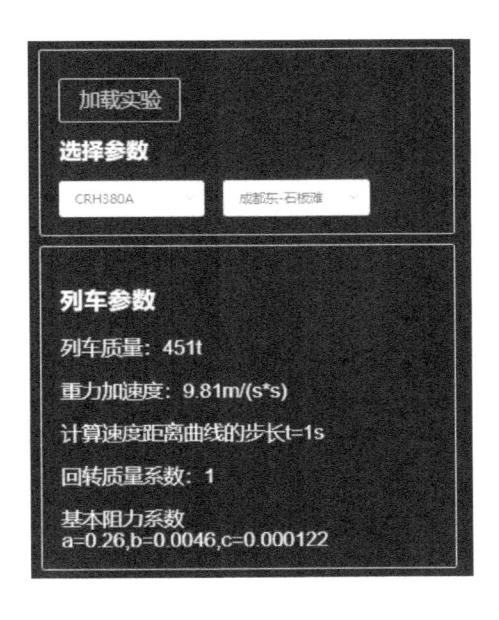

图 6-18　车型与线路加载界面

步骤二：学习选定的列车参数和线路数据。

根据提示，学习给出选定列车的相关参数，如图 6-19 所示。

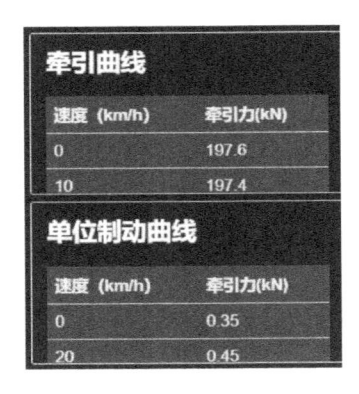

图 6-19　选定车型和线路的牵引制动参数

步骤三：学习司机驾驶台仪表盘和功能。

根据提示，逐个点击学习司机驾驶台仪表盘和功能，包括手柄、按钮、DMI等，如图 6-20 所示。

图 6-20　司机驾驶台仪表盘及相关设备

步骤四：启动高铁列车。

根据提示，严格按照中国国家铁路集团有限公司的规范操作启动列车，如图 6-21 所示。

步骤五：切换至列车自动运行模式。

根据提示，列车启动自动运行模式，缓缓驶出成都东站，列车的运行数据开始计算，如图 6-22 所示。

第 6 章　高铁列车自动运行虚拟仿真实验

图 6-21　按规范操作启动列车

图 6-22　切换至自动运行模式

步骤六：仿真出站加速工况并计算行驶速度与距离。

列车首先从开始车站出发，进入启动牵引加速的过程，参见图6-6。启动加速过程采用时间为计算步长，加速迭代过程如图6-23所示，其中，S_i和S_{i+1}为第i步和第$i+1$步的行驶距离（m）；Δt为计算步长（s）；v_i和v_{i+1}为第i步和第$i+1$步的速度（m/s）；v是当前速度；v_x是巡航速度。

根据提示，仿真高铁列车出站加速工况，在计算环节中，将列车前一时刻的行驶速度与距离代入牵引公式和基本运动学公式中，计算出站加速工况下列车当前的行驶速度与距离，将计算结果填写进输入框后单击"确定"按钮，左下侧会提示输入的参数是否有误，如图6-24所示。

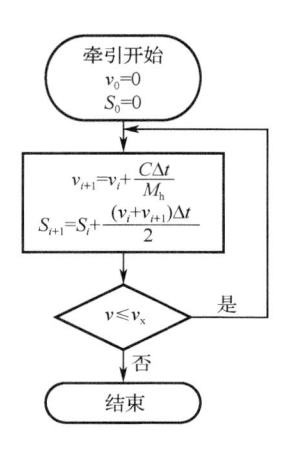

图6-23 启动加速迭代过程

图6-24 列车加速运动过程计算

第6章　高铁列车自动运行虚拟仿真实验

步骤七：观察列车区间运行状态。

列车在区间运行时，实验者可通过多个视角（驾驶室视角、俯视视角）观察列车运行状态，并了解其在区间的位置信息，如图 6-25 和图 6-26 所示。

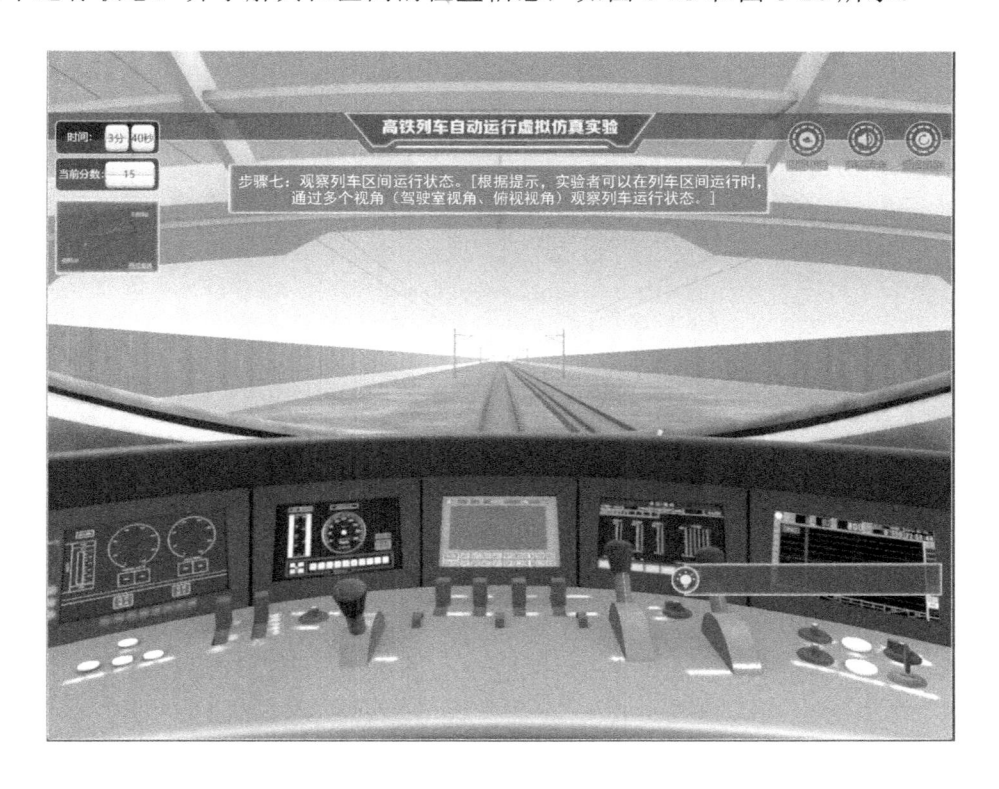

图 6-25　列车区间运行（驾驶室视角）

图 6-26　列车区间运行（俯视视角）

步骤八：仿真区间巡航工况并计算行驶速度与距离。

区间巡航运行过程主要是指当列车牵引达到巡航速度 v_x 后至制动进站点之前的区间，其间采用匀速运行。此时列车合力为 0，中间段速度 $v=v_x$。区间巡航运行迭代过程如图 6-27 所示，列车巡航运行过程计算如图 6-28 所示。

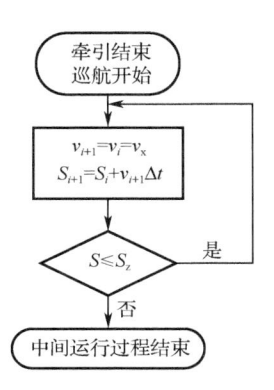

图 6-27 区间巡航运行迭代过程

根据提示，仿真高铁列车区间巡航工况；在计算环节中，将列车前一时刻的行驶速度与距离代入牵引公式和基本运动学公式中，计算区间巡航工况下当前的行驶速度与距离，将计算结果填写进输入框后单击"确定"按钮，左下侧会提示输入的参数是否有误，如图 6-28 所示。

步骤九：计算临时限速工况前的行驶速度与距离。

根据提示并参照临时限速区间运行策略，将整个区间分为限速段前计算过程、限速段计算过程和限速段后计算过程。在每个过程中将列车前一时刻的行驶速度与距离代入牵引公式和基本运动学公式，计算行驶速度和距离，将结果填写进输入框后单击"确定"按钮，左下侧会提示输入的参数是否有误。

临时限速区间计算结构如图 6-29 所示，列车临时限速段前运行过程计算如图 6-30 所示。

第 6 章 高铁列车自动运行虚拟仿真实验

步骤八：仿真区间巡航工况并计算行驶速度与距离。（根据提示，仿真高铁列车区间巡航工况；在计算环节中，将列车前一时刻的行驶速度与距离代入牵引公式和基本运动学公式中，计算区间巡航工况下当前的行驶速度、行驶距离。）

▶▶ 区间巡航过程

获取牵引力的插值法公式：$F_c = F_1 + \dfrac{(v_c - v_1)(F_2 - F_1)}{v_2 - v_1}$ 基本阻力公式：$w_{i0} = a + bv + cv^2$

单位坡道附加阻力：$W_{ni} = \dfrac{W_i}{M_g} \times 1000 = 1000\sin\theta \approx 1000\tan\theta = i$

单位隧道附加阻力：$W_{it} = 0.00013 L_{it}$

单位曲线附加阻力：$W_{ir} = \dfrac{600}{R}$ (N/kN)   获取总制动力：$F_{zd} = 1000B$

上一秒止行驶距离：14205.2m   上一秒止行驶速度：238.28km/h

当前行驶距离：_____ m

当前行驶速度：_____ km/h

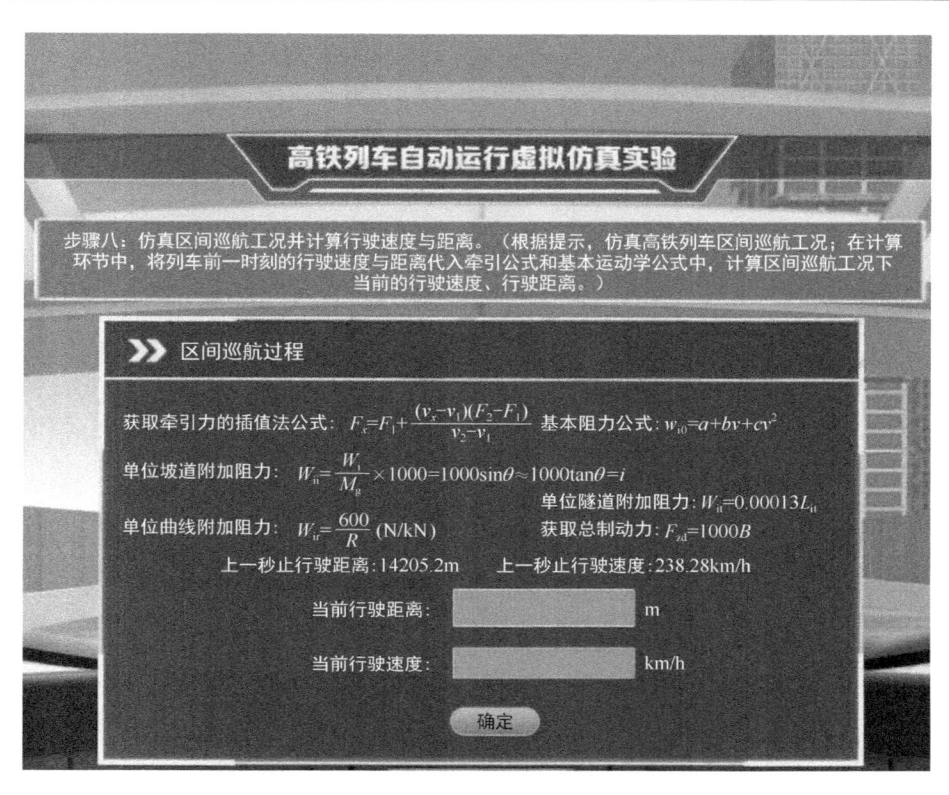

确定

图 6-28 列车巡航运行过程计算

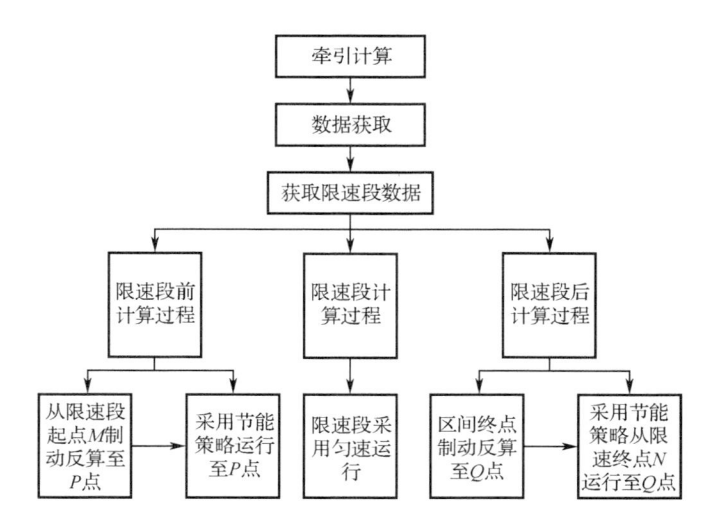

图 6-29 临时限速区间计算结构

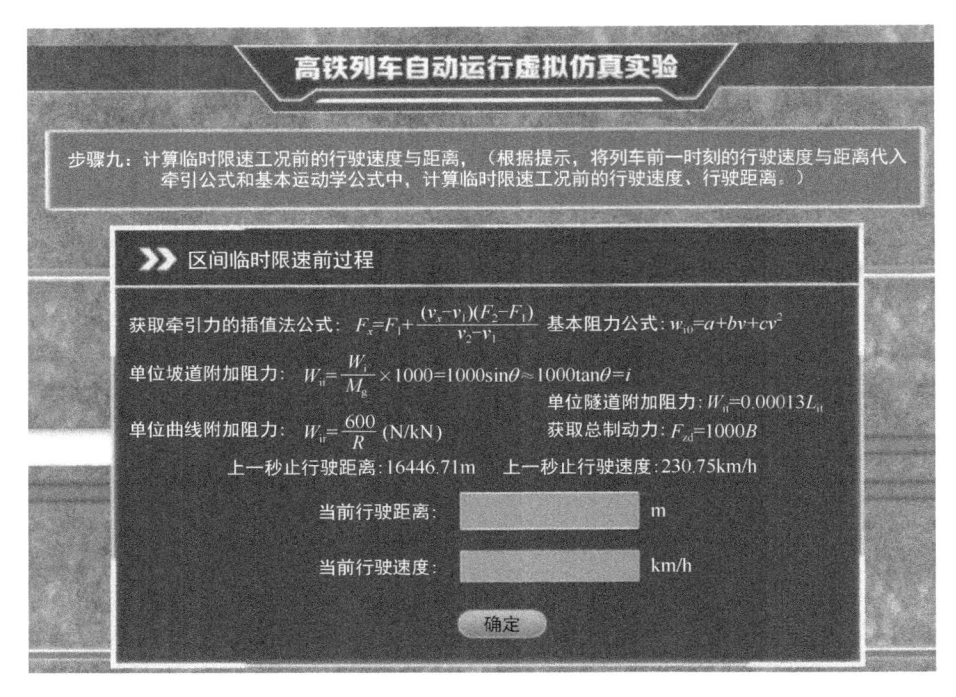

图 6-30 列车临时限速段前运动过程计算

步骤十：仿真临时限速工况并计算行驶速度与距离。

根据提示，仿真高铁列车临时限速工况。限速段计算过程参见图 6-10。根据列车前一时刻的行驶速度和距离，计算临时限速工况下列车的行驶速度与距离，并填写进输入框，如图 6-31 所示。

步骤十一：计算临时限速工况后的行驶速度与距离。

根据提示，仿真临时限速结束后的工况。临时限速后的计算过程参见图 6-11。根据列车前一时刻的行驶速度与距离，计算临时限速工况后列车的行驶速度与距离，并填写进输入框，如图 6-32 所示。

步骤十二：仿真区间惰行工况并计算行驶速度与距离。

根据提示，仿真高铁列车区间惰行工况。区间惰行工况参见公式（6-17）。根据列车前一时刻的行驶速度与距离，计算区间惰行工况下列车的行驶速度与距离，并填写进输入框，如图 6-33 所示。

第 6 章 高铁列车自动运行虚拟仿真实验

图 6-31 列车临时限速运动过程计算

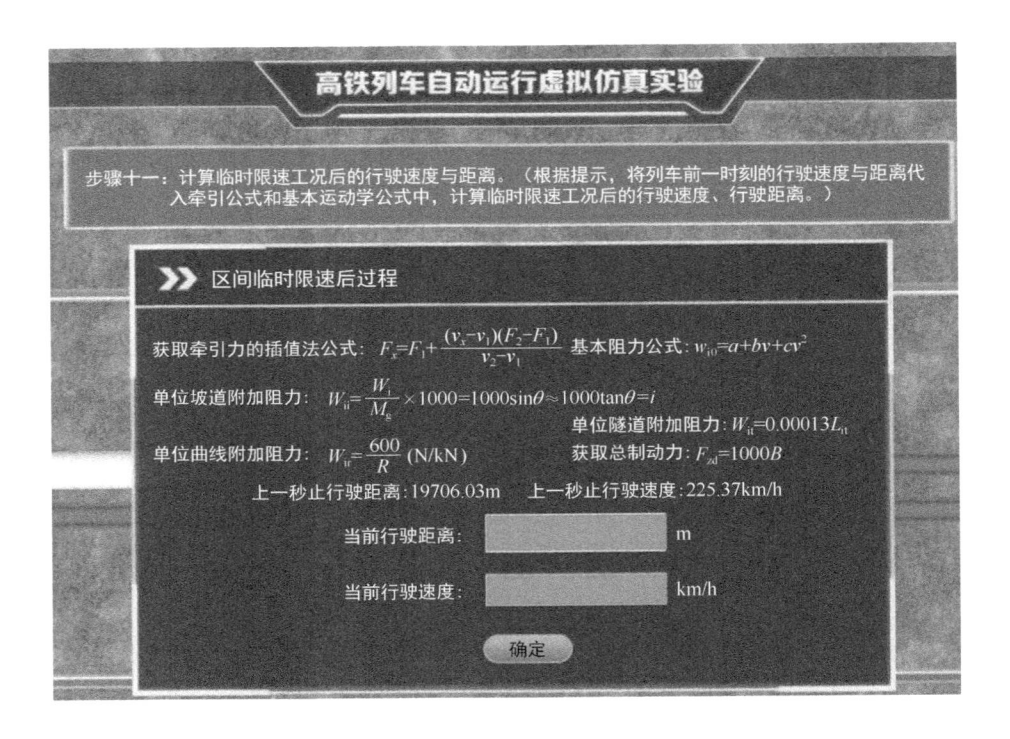

图 6-32 列车临时限速工况后运动过程计算

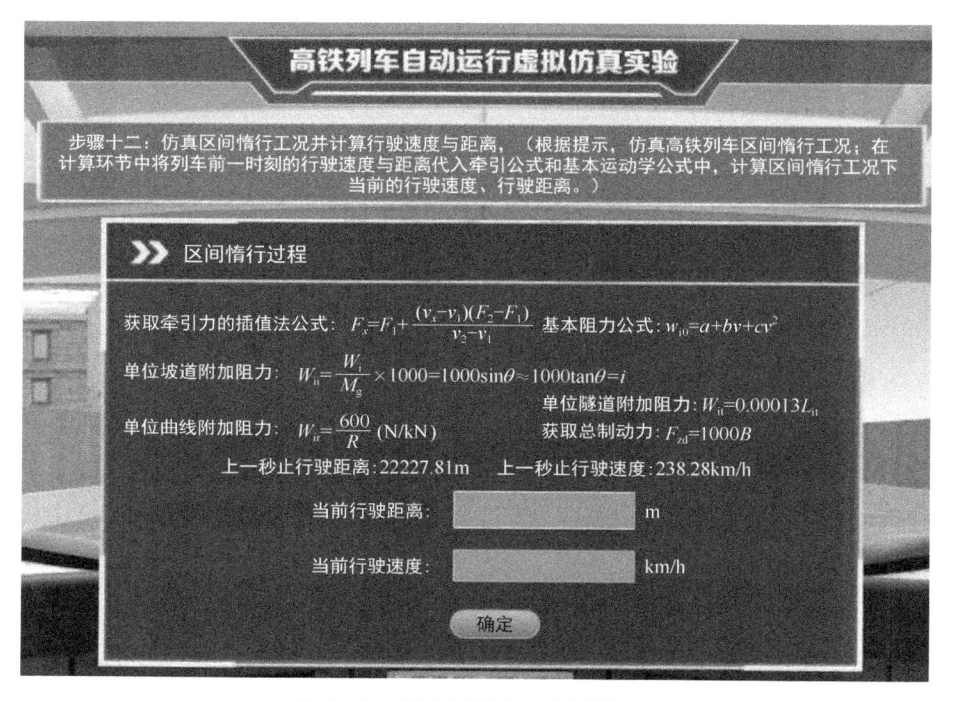

图 6-33 列车惰行运动过程计算

步骤十三：仿真制动减速工况并计算行驶速度与距离。

根据提示，仿真高铁列车制动减速工况。制动减速计算过程参见图 6-9、公式（6-18）和公式（6-21）。制动进站的关键是寻找制动点，通常采用反推方法：将制动力和阻力理解为动力，进行距离反向推导，寻找制动点迭代步骤如图 6-34 所示。根据列车前一时刻的行驶速度与距离，计算列车当前行驶速度与距离，并填写进输入框，如图 6-35 所示。

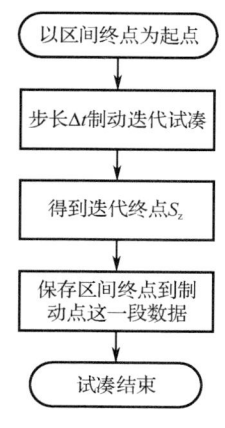

图 6-34 寻找制动点迭代步骤

图 6-35 列车制动运动过程计算

步骤十四：结束列车行车。

根据提示，列车自动进站停车后，如果列车不再运行，则退出自动运行模式，司机操作驾驶台相关设备（牵引制动手柄至于定位，上电钥匙至于断开位）结束列车行车过程，如图 6-36 所示。

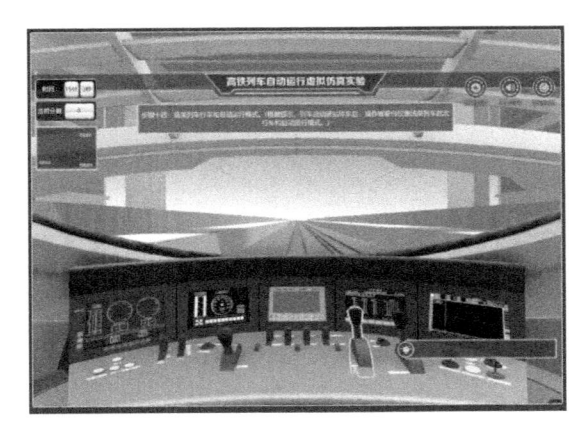

(a)

图 6-36 列车进站后停车操作

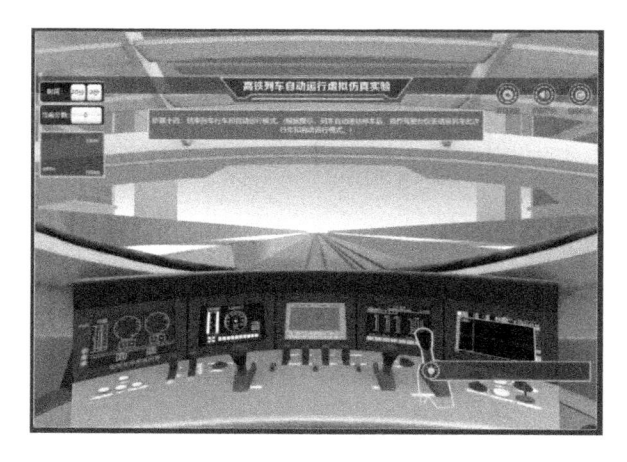

（b）

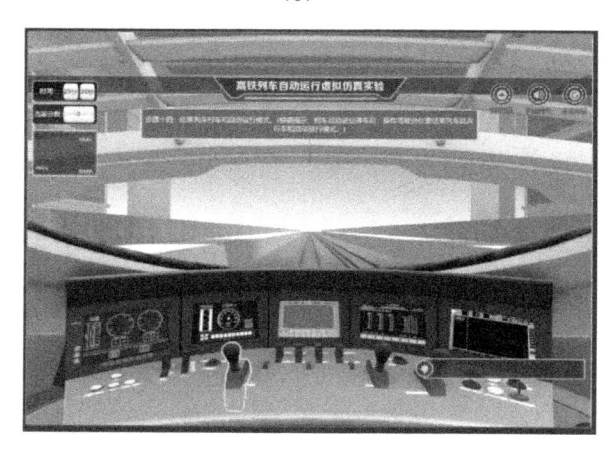

（c）

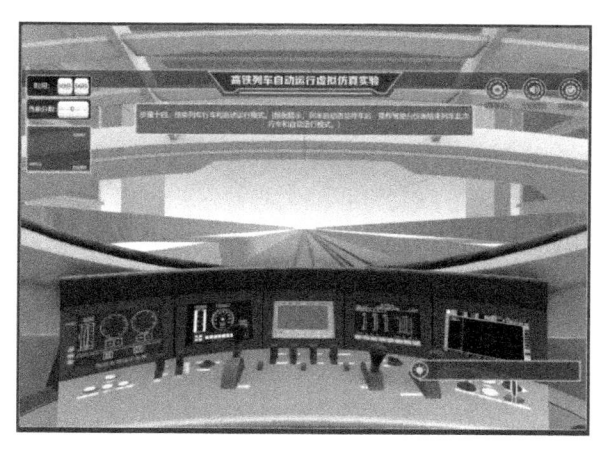

（d）

图 6-36　列车进站后停车操作

第 6 章　高铁列车自动运行虚拟仿真实验

步骤十五：计算列车自动运行模式下的能耗并比较节能效率。

根据提示，计算此次列车自动运行模式下的能耗。将自动运行模式下的能耗与来自成都铁路局人工驾驶现场统计数据进行比较，计算此次列车在自动运行模式下的节能效率，如图 6-37 所示；然后，单击"确定"按钮，总览实验操作过程和各步骤得分，如图 6-38 所示。

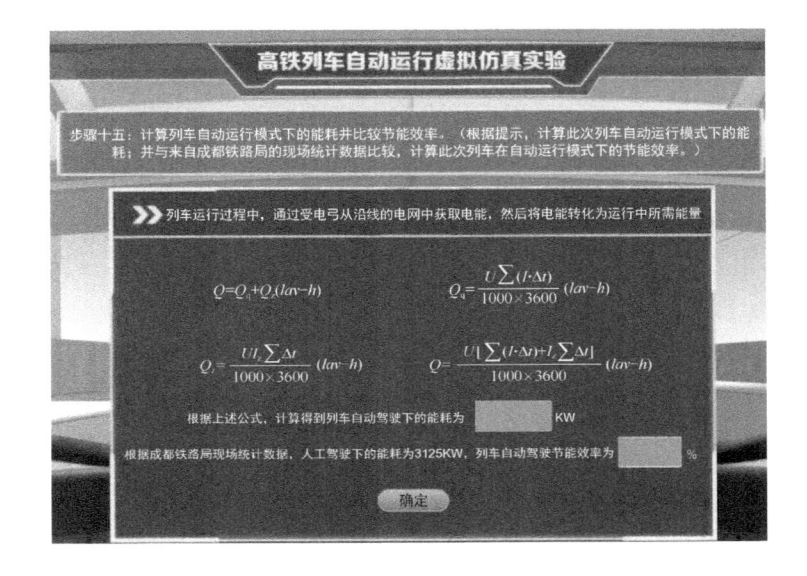

图 6-37　高铁列车自动运行节能效率计算（对比人工驾驶）

图 6-38　总览实验操作过程与各步骤得分

步骤十六：理论测试。

实验操作步骤完成后,单击"理论测试"菜单栏,依次完成 10 道理论测试题,巩固对实验原理和操作过程的理解,如图 6-39 所示。

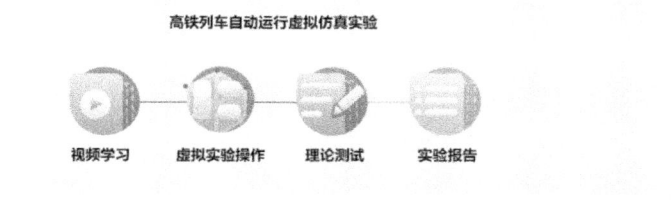

图 6-39 理论测试界面

步骤十七：填写和提交实验报告。

单击"实验报告"菜单栏,按照提示和模板填写好实验报告,并提交,如图 6-40 所示。

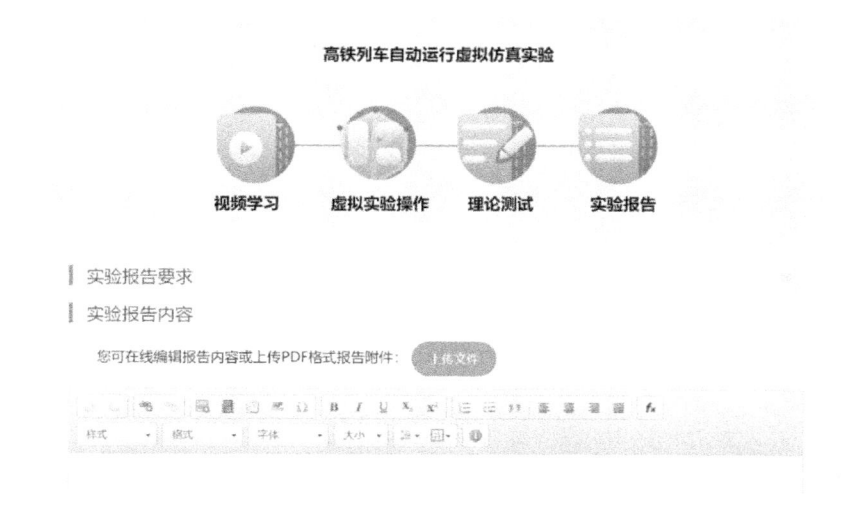

图 6-40 实验报告填写界面

2．课内外问题

（1）根据线路、车辆、信号系统参数，选取合适的计算步长，计算列车加速、惰行、减速停车三个阶段的速度-距离点信息（每个阶段不少于 30 个）填入下表。

运 行 阶 段	距离/m	速度/（km/h）
加速	0	0
加速	50	10
加速	200	60
⋮	⋮	⋮

（2）根据计算的速度-距离点信息，绘制列车 ATO 推荐速度-距离曲线，如图 6-41 所示。

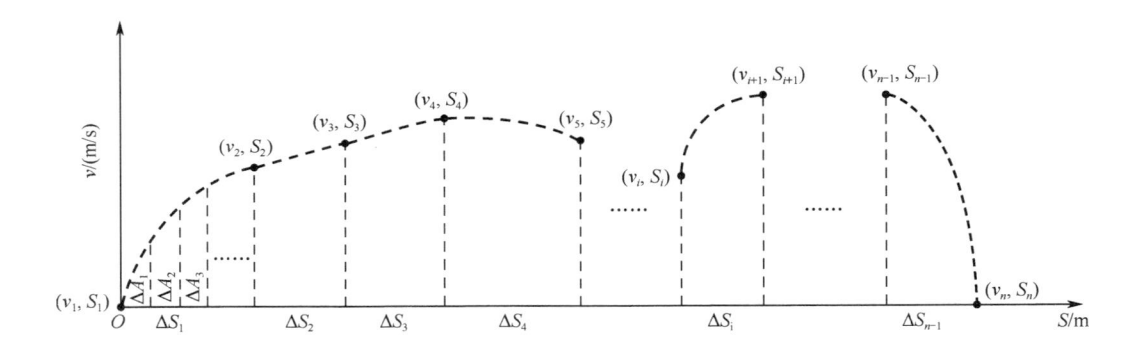

图 6-41　速度-距离曲线

第 7 章

虚拟现实/混合现实虚拟仿真实验

第 7 章　虚拟现实/混合现实虚拟仿真实验

虚拟现实/混合现实（VR/MR）技术具有高沉浸感、高交互性、多感知性等优势，因而在实验和实践教学中得到广泛应用。本章介绍 2 个 VR/MR 铁路信号虚拟仿真实验，主要涉及 VR 转辙机拆装虚拟仿真实验和高铁列车模拟驾驶虚拟仿真实验。

7.1　实验技术与系统

"轨道交通信息工程与技术"国家级实验教学示范中心和"智慧轨道交通信息与控制"四川省虚拟仿真实验教学中心建设了完善的 VR/MR 虚拟仿真实验平台：40 多台（套）VR/AR 硬件、手套、主机，以及 MR 高铁模拟驾驶器等。VR/MR 虚拟仿真实验室与 MR 高铁列车模拟驾驶器如图 7-1 所示。

VR/MR 虚拟仿真实验基于 Maya、Unity3D 等进行自主开发：以 CRH380B 型动车组和西成高铁的成都东-石板滩段线路实景为基础进行一体化 3D 建模，开发全沉浸式高铁列车运行和驾驶操作的虚拟场景，实现 360°全景渲染与沉浸感、真实体感与交互式操作。如图 7-2 所示，该系统包括体感硬件和软件部分，以实现"虚实结合"。基于视觉模型、行车逻辑、线路编辑三大部分，实现视觉数字虚拟化；结合体感座椅、振动台、触感操作台和 VR 头显等设备实现体感交互，高度还原真实的线路场景与实验体验。

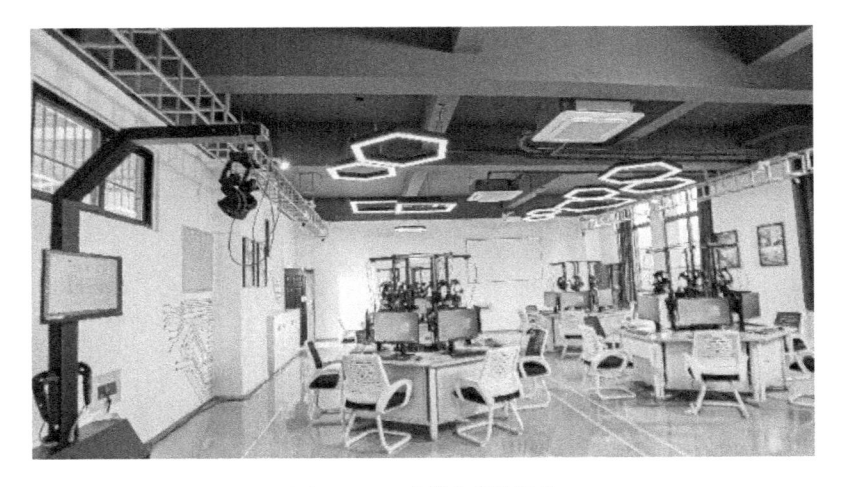

（a）VR/MR 虚拟仿真实验室

图 7-1　VR/MR 虚拟仿真实验室与 MR 高铁列车模拟驾驶器

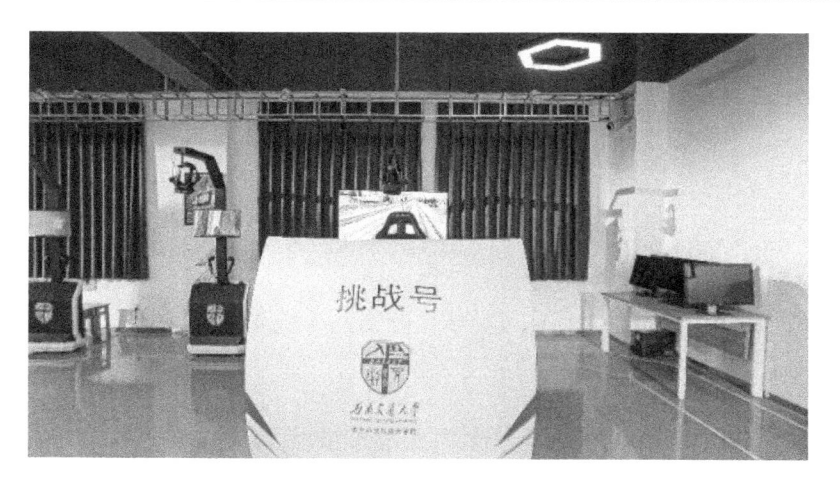

（b）MR 高铁列车模拟驾驶器

图 7-1　VR/MR 虚拟仿真实验室与 MR 高铁列车模拟驾驶器（续）

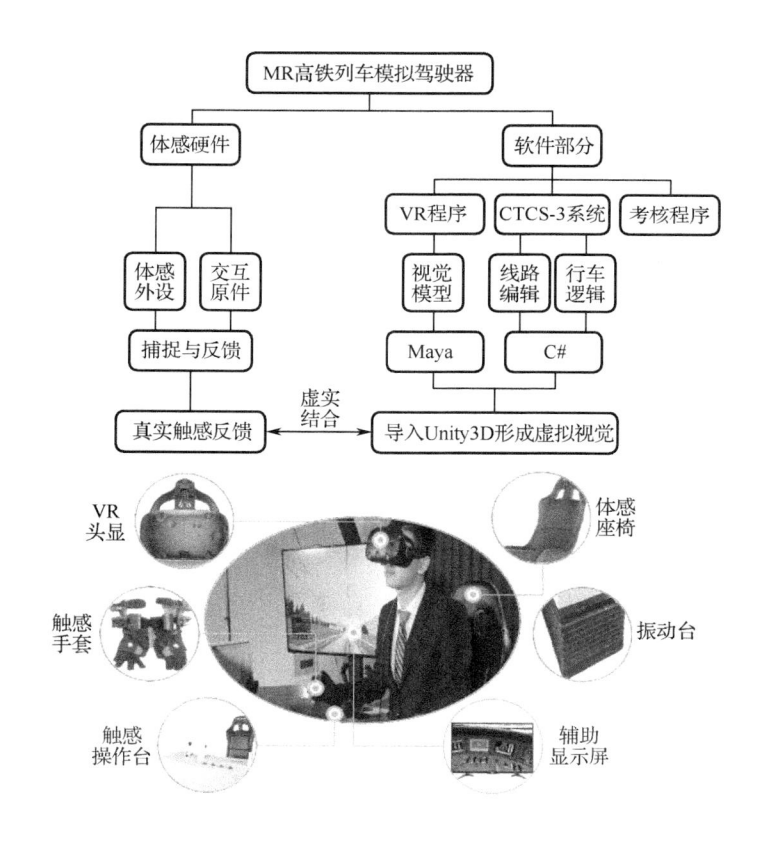

图 7-2　MR 高铁列车模拟驾驶实验系统架构

7.2 实验 7-1：VR 转辙机拆装虚拟仿真实验

7.2.1 实验目的

1. 了解铁路信号基础设备及其维修知识。
2. 熟悉转辙机的内部结构及工作原理。
3. 掌握转辙机拆卸和安装的方法与流程。

7.2.2 实验设备

VR 转辙机虚拟仿真系统，以及 VR 头显和手柄等。

7.2.3 实验内容

1．实验操作

启动 VR 转辙机虚拟仿真系统软件，进入拟真实验场景，如图 7-3 所示；同时，标定好 VR 头显和操作手柄。

图 7-3 拟真实验场景

操作手柄进入 ZD6 型电动转辙机实验模式,熟悉转辙机结构和相关拆装工具,如图 7-4 所示。

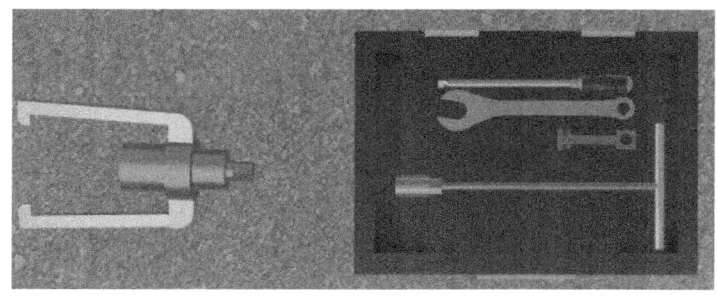

图 7-4 转辙机结构与拆装工具

拆卸:

步骤一: 用钥匙开启转辙机机盖,如图 7-5 所示。

步骤二: 使用螺丝刀拆除电动机外壳,然后拆除电动机,如图 7-6 所示。

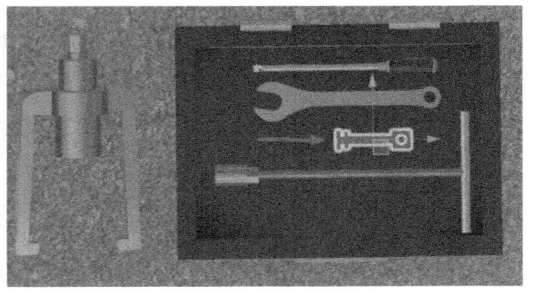

图 7-5　转辙机机盖开启

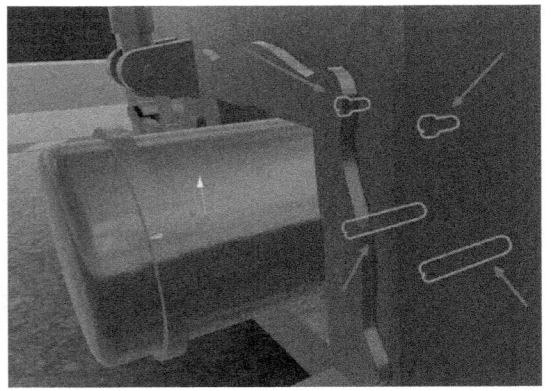

图 7-6　电动机拆除

步骤三：使用套筒工具拆除减速器，如图 7-7 所示。

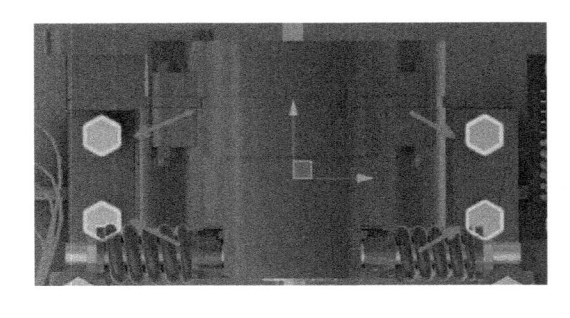

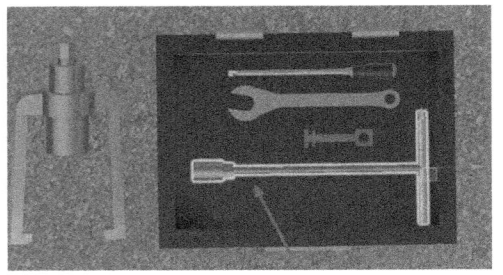

图 7-7　减速器拆卸

步骤四：使用套筒工具拆除自动开闭器，如图 7-8 所示。

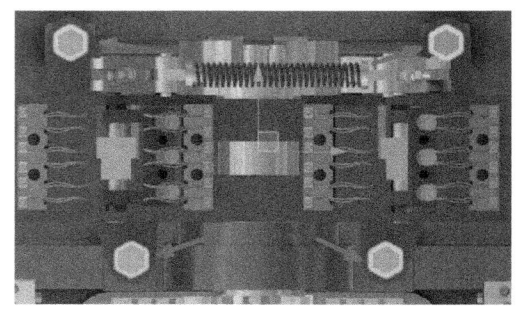

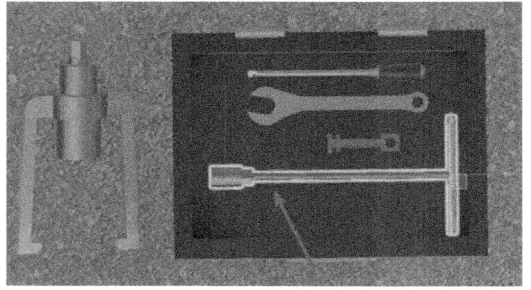

图 7-8 自动开闭器拆卸

步骤五：使用专用工具将启动片和速动片从主轴上拆除，如图 7-9 所示。

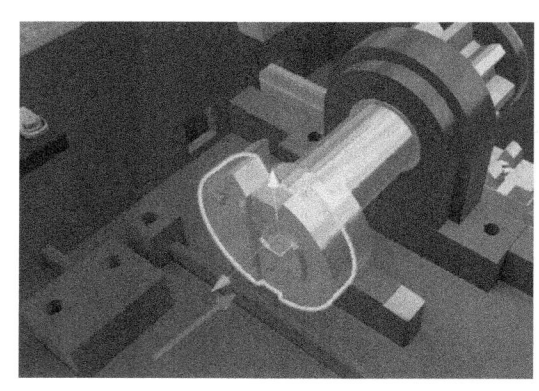

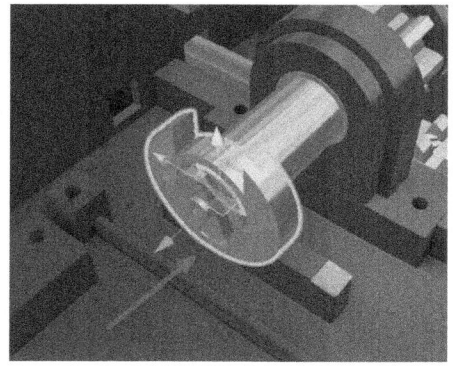

图 7-9 启动片和速动片拆卸

步骤六：使用卸轴器和扳手将主轴从齿条块上取下，如图 7-10 所示。

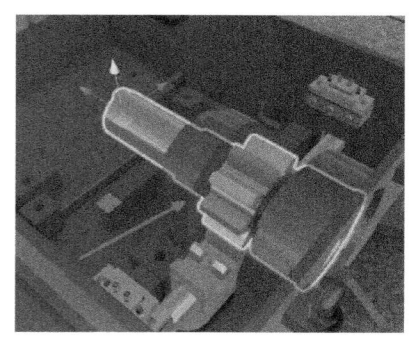

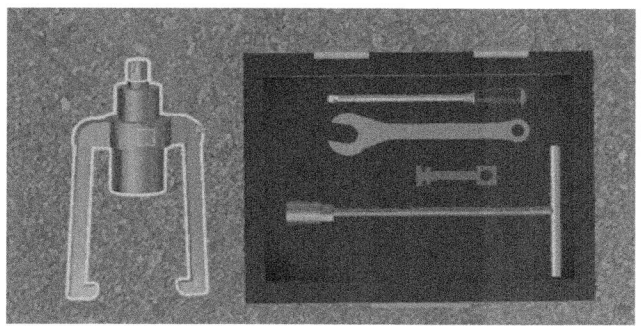

图 7-10 主轴拆卸

第 7 章　虚拟现实/混合现实虚拟仿真实验

步骤七：将挤切销取出，然后拆卸齿条块，如图 7-11 所示。

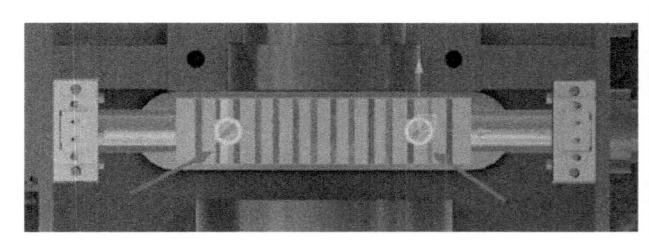

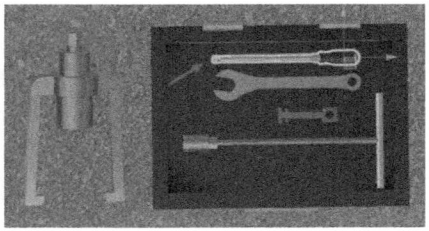

图 7-11　齿条块拆卸

步骤八：取出动作杆，完成转辙机的拆卸，如图 7-12 所示。

图 7-12　取出动作杆

安装

按与上述拆卸步骤相反的顺序完成转辙机的组装。

2．课内外问题

（1）转辙机的拆卸顺序和组装顺序是怎样的？

（2）根据 ZD6 型电动转辙机整体动作过程中主轴转角的变化情况（见表 7-1）写出转换锁闭装置的动作和自动开闭器的动作。

· 151 ·

表 7-1　ZD6 型电动转辙机动作过程

道岔状态	主轴转角/°	手摇圈数	转换锁闭装置的动作	自动开闭器的动作
定位锁闭	0	0		
解锁	7.5	0.85		
	10.2	1.2		
解锁	19	2.2		
	26.5	3		
解锁	28.7	3.3		
	32.9	3.7		
转换	306.1	34.9		
反位锁闭	335.6	36.4		
	339	38.6		

7.3　实验 7-2：VR/MR 高铁列车模拟驾驶虚拟仿真实验

7.3.1　实验目的

1．了解高铁列车驾驶场景与操作规范。

2．熟悉高铁列车运行工况。

3．掌握高铁列车的起动操纵、调速运行、停车制动的方法，保证列车安全、平稳、节能、精准运行。

7.3.2　实验设备

VR/MR 高铁列车驾驶模拟器，以及 MR 头显和手套等。

7.3.3　实验内容

1．实验操作

步骤一：启动 VR/MR 高铁列车驾驶模拟器及软件，选择高铁列车的型号及运行模拟环境,进入拟真实验场景(西成高铁成都东-石板滩区段),进而熟悉驾驶室、操作台、轨道、桥梁和隧道等场景,如图 7-13 所示;同时,标定好 VR 头显和操作手柄(或手套)。

图 7-13 VR/MR 高铁列车驾驶的典型视觉与场景

步骤二:系统启动完成后,检查下列事项:列车应停放于车站,列车车辆牵引制动系统、电力系统均检查通过,主断路器断开,达到发车条件,车站进路已经开放,列车拟行车路线清晰。

步骤三:根据《CRH380B 司机培训手册》等规范,熟悉高铁列车驾驶的基本操作规范。以高铁列车启动为例,启动列车时,首先将钥匙旋转到开启挡位,然后操作主断路器合上,接下来进行升弓操作,并将列车行驶方向设定为前进,如图 7-14 至图 7-17 所示。

图 7-14 开启列车钥匙　　　　　图 7-15 主断路器操作

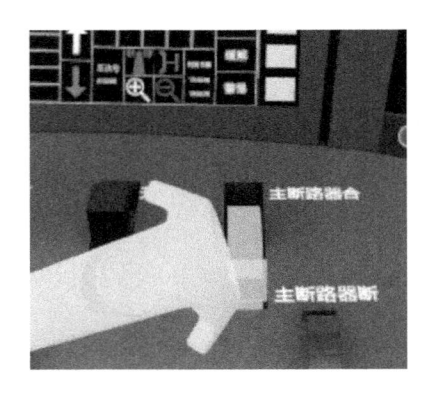

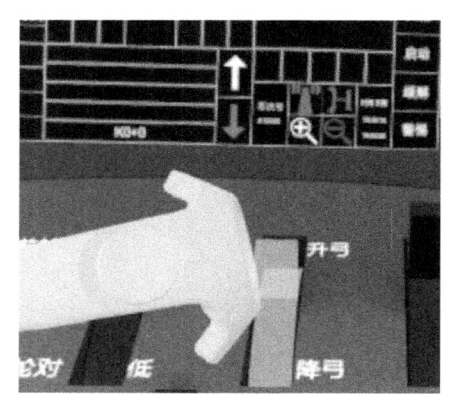

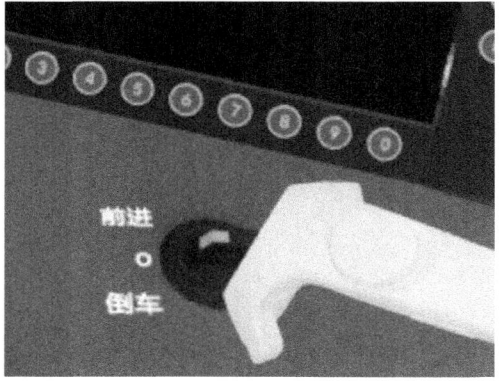

图 7-16 升弓操作　　　　　　　　图 7-17 设定列车行驶方向

步骤四：列车加速运行。释放列车制动，按下停放缓解按钮，并将列车的牵引手柄向前推动，如图 7-18 至图 7-20 所示。

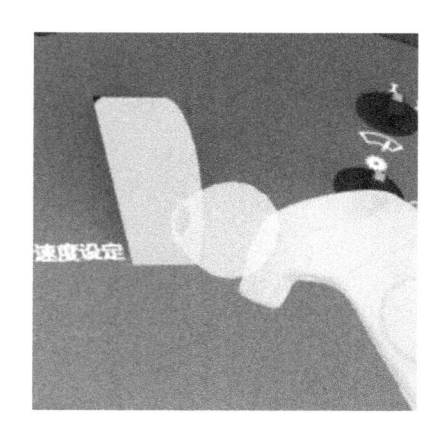

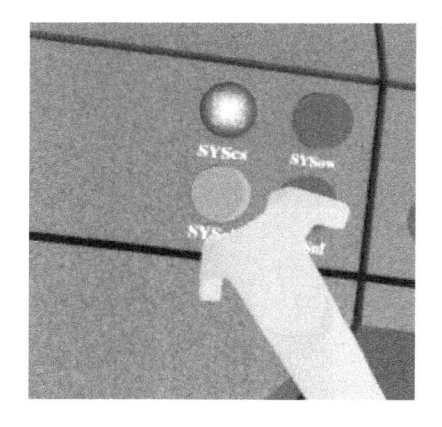

图 7-18 释放列车制动　　　　　　图 7-19 按下停放缓解按钮

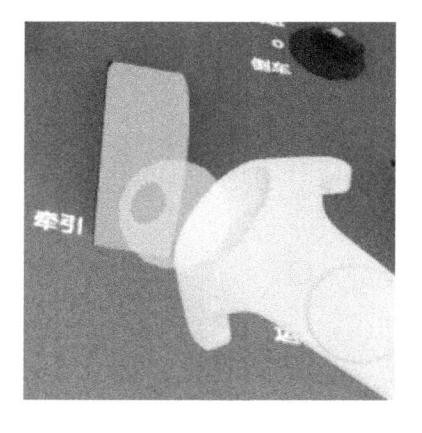

图 7-20 推动牵引手柄

步骤五：列车站间运行时，操作牵引手柄使列车加速至限制速度，然后保持列车平稳运行。观察列车运行的多种场景（限速、禁止信号、桥梁、隧道、坡道、弯道等），根据列车牵引计算知识，合理调整列车运行策略，保障列车高效且平稳运行。

① 在最高限速下，列车的运行速度应尽可能贴近最高限速曲线，不会触发报警及制动；若列车加速超过最高限速曲线并触发报警，则应通过相应的制动操作，使列车恢复正常行驶。

② 区间运行时，如遇到前方信号机显示禁止信号，应操作列车平稳停车至该信号机前，信号机显示允许信号后，方能操作列车平稳起步运行。

③ 根据临时限速命令或桥梁/隧道限速通过区（见图 7-21），操作列车降速至限速之下运行；临时限速终了，方能操作列车平稳提速运行。

④ 上坡运行时，合理运用列车牵引计算知识，加大列车牵引，避免列车退行等情况；下坡运行时，合理操作牵引使列车节能运行。

图 7-21 桥梁和隧道限速通过区

步骤六：根据联锁进路信息，调整列车速度至允许进站速度：将牵引手柄置于"0"，拉动制动手柄至最佳计算值，驾驶列车平稳进站并精准停车，过程如图 7-22 至图 7-24 所示。

图 7-22　牵引手柄置于"0"　　　　图 7-23　制动手柄置于最大值

图 7-24　列车进站效果图

2．课内外问题

（1）司机驾驶过程中，如果触发常用制动该如何处理？如果触发紧急制动该如何处理？

（2）列车进站时，如何进行位置的精确定位？司机应该如何操作？

参考文献

[1] 张中央. 列车牵引计算[M]. 北京：中国铁道出版社，2006.

[2] 王永信. 车站信号自动控制[M]. 北京：中国铁道出版社，2007.

[3] 董昱. 区间信号与列车运行控制系统[M]. 北京：中国铁道出版社，2008.

[4] 饶忠. 列车牵引计算[M]. 3版. 北京：中国铁道出版社，2010.

[5] 唐涛. 列车运行控制系统[M]. 北京：中国铁道出版社，2012.

[6] 杨扬. 车站信号控制系统[M]. 成都：西南交通大学出版社，2012.

[7] 徐洪泽. 车站信号自动控制[M]. 北京：中国铁道出版社，2012.

[8] 中国铁路总公司. 高速铁路信号系统[M]. 北京：中国铁道出版社，2013.

[9] 林瑜筠. 区间信号自动控制[M]. 北京：中国铁道出版社，2014.

[10] 莫志松，郑升. 高速铁路列车运行控制技术：CTCS-3级列车运行控制系统[M]. 北京：中国铁道出版社，2016.

[11] 刘利芳. 区间信号自动控制[M]. 北京：科学出版社，2016.

[12] 郭进. 铁路信号基础[M]. 2版. 北京：中国铁道出版社，2017.

[13] 田光超，蒋荣，李凯兵. 区间信号自动控制系统[M]. 成都：西南交通大学出版社，2017.

[14] 戴胜华，李正交. 轨道交通信号与控制综合实验[M]. 北京：中国铁道出版社，2017.

[15] 李映红. 高速铁路信号系统[M]. 2版. 成都：西南交通大学出版社，2017.

[16] 中国铁路总公司. CTCS-3级列控系统总体技术规范：Q/CR 661—2018[S]. 北京：中国铁道出版社，2018.

[17] 孙中央. 列车牵引计算实用教程[M]. 3版. 北京：中国铁道出版社，2019.

[18] 申金国. 铁路调度指挥[M]. 北京：人民交通出版社，2020.

[19] 陈世明，安春兰. 高速铁路信号系统[M]. 北京：中国铁道出版社，2020.

[20] 吴晓军，张玉梅. 虚拟现实开发实训[M]. 北京：科学出版社，2020.

[21] 刘晓娟. 现代铁路远程控制系统[M]. 2版. 成都：西南交通大学出版社，2021.

[22] 李一龙，杨晓明，束汉武. 列车调度指挥[M]. 3版. 北京：中国铁道出版社，2021.

[23] 唐涛，李开成，等. 高速铁路列车运行控制[M]. 北京：中国铁道出版社，2021.

[24] 张敏. 虚拟仿真实验的设计与教学应用[M]. 北京：高等教育出版社，2021.

[25] 国家铁路局. CTCS-3级列控系统总体技术要求：TB/T 3581—2022[S]. 北京：中国铁道出版社，2022.